创新与颠覆

埃隆·马斯克的跨界传奇

黄伟芳◎著

群言出版社
QUNYAN PRESS
·北京·

图书在版编目（CIP）数据

创新与颠覆 ：埃隆·马斯克的跨界传奇 / 黄伟芳著
. -- 北京 ：群言出版社，2017.3（2017.06 重印）
ISBN 978-7-5193-0267-2

Ⅰ. ①创… Ⅱ. ①黄… Ⅲ. ①企业管理－经验－美国
②马斯克，E. －传记 Ⅳ. ① F279.712.3 ② K837.125.38

中国版本图书馆 CIP 数据核字（2017）第 027642 号

责任编辑：刘占凤
封面设计：木子一设计

出版发行：群言出版社
地　　址：北京市东城区东厂胡同北巷1号（100006）
网　　址：www.qypublish.com
自营网店：http://qycbs.shop.kongfz.com（孔夫子旧书网）
　　　　　http://www.qypublish.com（群言出版社官网）
电子信箱：qunyancbs@126.com
联系电话：010-65267783　65263836
经　　销：全国新华书店

印　　刷：北京彩虹伟业印刷有限公司
版　　次：2017年5月第1版　2017年6月第2次印刷
开　　本：880mm × 1230mm　1/32
印　　张：7.125
字　　数：100千字
书　　号：ISBN 978-7-5193-0267-2
定　　价：58.00元

目录/CONTENTS

第一章

不堪回首的灰暗童年

第一节
写进家族基因的冒险精神

埃隆·马斯克于 1971 年 6 月出生在南非的比勒陀利亚（2005 年改名为茨瓦内）。比勒陀利亚是南非的行政首都，也是最大的文化中心，这是一座欧化的城市，街头几乎都是白人，埃隆·马斯克就是这些白人中的一员。

马斯克家族并非土生土长的南非人，埃隆·马斯克的母系祖先是从美国辗转来到南非的。在埃隆·马斯克的少年时代，他常因为“埃隆”这个在南非显得有些与众不同的名字而遭到小伙伴们的嘲笑，但只有他知道，这个名字代表着家族的变迁与荣耀。

这个名字最早来源于他的曾外祖父约翰·埃隆·霍尔德曼。从约翰这一代起，他们的家族就习惯了四处漂泊的生活。约翰出生于 1872 年，是一位美国人，从小生长在伊利诺伊州的他在成年后搬到了明尼苏达州，并在这里遇到了一个叫作阿尔梅达·简·诺曼的女孩。婚后，在明尼苏达州的一个简陋的小木屋里，阿尔梅达·简·诺曼生下了一个儿子，约翰给他取名约书亚·诺曼·霍尔德曼。

约书亚是埃隆·马斯克的外祖父，他是一个极具冒险精神的人。虽然在别人眼里，他有些特立独行，是个“怪人”，但埃隆·马斯克却一直视他为偶像，他一直认为，马斯克家族的冒险基因，正是从外祖父那里遗传来的。

约书亚的确是一个不折不扣的冒险家。他五岁那年，全家再次迁徙，搬到了加拿大萨斯喀彻温省的草原。好不容易在这里安顿下来后，厄运来临了——他的父亲不幸离世了。年幼的他不得不用自己稚嫩的肩膀挑起家庭的重担，帮着母亲维持生计。为了养家糊口，小小年纪的他就学会了开垦荒地，并且成为驯养野马的一把好手。当地很多农民都慕名请他去帮忙驯马，他常因此而受伤。尽管如此，他依然热衷于驯马。事实上，他才是草原上最难驯服的一匹“野马”。

十几岁时，约书亚厌倦了草原上单调、乏味的生活，于是像他父亲一样选择了漂泊。为了谋得一技之长，他来到美国艾奥瓦州的帕尔默按摩学校学习，获得了一个学位。但令人惊讶的是，毕业后，他并没有留在这个繁华的城市，而是回到了萨斯喀彻温省，继续经营自家的农场。

1929 年，经济危机席卷世界，身在萨斯喀彻温省的约书亚也未能幸免。为了扩大农场规模、购买农耕设备，他不断地从银行贷款，但经济危机的突如其来使他无力偿还这些贷款，他的几千亩土地因此而被查封。

失去农场令约书亚痛不欲生，不过，他并没有因此而一蹶不振。他在按摩学校学习的按摩技艺终于派上了用场，成为他的谋生手段。1948 年，对约书亚来说是收获的一年。这一年，他不但与一位加拿大舞蹈老师温妮弗雷德·约瑟芬·弗莱彻喜结连理，还开了属于自己的按摩医院。

在约书亚的经营下，按摩医院的生意越来越红火，他们一家的生活也因此上了一个台阶，住上了宽敞的大房子——有三层楼高、足足有二十个房间。这时，温妮弗雷德为约书亚生了一对双胞胎女儿，约书亚给她们取名卡耶和梅耶，梅耶·马斯克就是埃隆·马斯克的母亲。

生活上没有后顾之忧的约书亚，内心开始蠢蠢欲动，想要冒险的火苗在他的心头越烧越旺。这时的他对飞机产生了浓厚的兴趣，开始学习驾驶飞机并购买了私人飞机。

飞机让约书亚有了翅膀，无论是参加会议还是出席政治活动，约书亚都自己驾驶着飞机前往。他还向往着去更多的地方，并且付诸了行动。他的妻子是他的忠实支持者，他们常把孩子们放在那架单引擎飞机的后座上，带着她们在北美洲大陆四处游历。

在众人眼中，约书亚已经拥有了他想要的一切：美丽的妻子、可爱的孩子、温馨的家庭、蒸蒸日上的事业。可是约书亚却并不满足于此。1950 年，他做出了一个令人咋舌的决定——卖掉房子和按摩医院，举家搬到南非去。

约书亚从来都没有去过南非，但在他的想象中，这是一个与加拿大完全不同的地方。在他看来，加拿大政府腐败堕落，爱管闲事，干扰个人生活，令人厌恶。他想到南非开始全新的生活。

对生活富足的约书亚一家来说，搬家是一件需要大费周折的事情。为此，约书亚拆解了自己的私人飞机，并把它打包装进木箱里，然后运往南非。到了南非之后，他们重新把飞机组装好，然后驾驶着飞机横穿整个南非，寻找一个适合居住的地方。最后，他们选择了气候宜人、风景秀丽的比勒陀利亚，并重新开了一家按摩医院。

生活再次走上了正轨，然而，约书亚的冒险精神却一发不可收拾。1952 年，他和妻子驾驶飞机完成了一次长达 2.2 万英里的旅行，从南非一直飞到了苏格兰和挪威。1954 年，约书亚和温妮弗雷德的驾驶事业达到了顶峰，他们飞行 3 万英里往返于澳大利亚和南非。当时还有媒体对这次飞行进行了报道，在很多人看来，约书亚和温妮弗雷德是唯一驾驶单引擎飞机从非洲飞到澳大利亚的私人飞行员。

约书亚一家的冒险精神不止体现在飞行上，他们还曾经到原始丛林中探险。他们在茂密的丛林中长途跋涉，只为了寻找一座失落之城，传说中这座古城位于南部非洲的卡拉哈里沙漠。

这次探险耗费了他们整整一个月的时间，路上，他们经历了无数凶险的时刻。他们的汽车曾经不小心撞到了树桩，在激烈的撞击下，保险杠从散热器横穿过去。所幸的是，车上的人并没有什么大碍。一家人就这样被困在了这片一望无际的丛林中，没有通信设施，也没法向外界求援。

不得已之下，约书亚只能自己修车，孩子们则负责寻找食物。为了驱赶野狼和豹子，晚上，他们燃起篝火，但时不时地还是有几只野兽好奇地过来打量他们。有一天早上，约书亚醒来的时候，发现不远处竟然站着一头狮子！他吓得浑身哆嗦，赶紧抓住自己能抓住的第一件物品——一盏灯，故作镇定地向狮子挥舞着，并大吼着让狮子滚开。没想到的是，狮子竟然真的离开了。

约书亚和温妮弗雷德夫妇对孩子一直是放养，他们从来不会干预孩子的事情，在约书亚看来，直觉会引导他们做出最合适的决定。这种教育方式得到了孩子们的认同，并被用来教育她们的下一代。埃隆·马斯克就是在这样的教育方式下长大的，他的母亲经常对他说，你要相信自己，你能做任何事情。你要做的，只是做出决定，然后就放心大胆地去做吧！

1974 年，约书亚在冒险中结束了自己冒险的一生。当时已经是 72 岁高龄的他正驾驶着飞机联系着陆，但他并没有发觉在两根电线杆中间有一根电线。那根电线缠住了飞机的轮子，把飞机掀翻，飞机因此而坠落了。约书亚的脖子被扭断了，不治身亡。

那时的埃隆·马斯克只有三岁，还是一个懵懂无知的小男孩。对外祖父的死，他还不能理解这到底意味着什么。不过，在他的童年时代，外祖父并未缺席，他的冒险故事一直陪伴着埃隆·马斯克。

埃隆·马斯克的外祖母虽然垂垂老矣，却始终怀念着年轻时那些九死一生的经历,她把这些故事一一讲给了自己的外孙，并且给他看了许多关于丛林旅行的照片和幻灯片。

外祖父的冒险经历令年幼的埃隆·马斯克神往不已。这在他的心中种下了一颗种子，从那时起，他就相信：只要自己敢于去做，就能无往不胜。

埃隆·马斯克的妈妈梅耶·马斯克一直生活在对父母的崇拜之中，但她的性格却与父母截然不同。在她的青少年时期，她曾经是公认的“书呆子”，她喜欢数学和科学，学习成绩一直遥遥领先。尽管如此，因为缺乏个性，她仍然很少得到他人的关注。

不过，到了15岁时，梅耶·马斯克突然脱胎换骨，变得美丽大方，令人眼前一亮。这时，人们开始注意到了她那金黄色的秀发、凹凸有致的身材以及端庄秀丽的容貌。一个经营模特学校的朋友发现她高挑颀长的身材非常适合做模特，于是就邀请她到学校里进行培训。

梅耶·马斯克果然对模特这一行产生了兴趣，得天独厚的身体条件，加上刻苦训练，让她很快就在同学们中脱颖而出，成为学校里的佼佼者。那时，一到周末，她就到处走秀、给杂志做模特，忙得不亦乐乎。偶尔，她还会参加为参议员或大使举办的宴会，还曾经入围了南非小姐评选大赛的决赛。直到六十多岁，梅耶·马斯克还在继续从事她的模特事业，她曾经登上了时尚杂志《纽约客》和《世界时装之苑》的封面，并出演了歌手碧昂斯的音乐短片。

梅耶·马斯克和埃隆·马斯克的父亲埃罗尔·马斯克可以算作是“青梅竹马”。他们生活在同一个街区，十一岁时就认识了。那时，梅耶·马斯克是一个书呆子，埃罗尔·马斯克却打扮时髦、举止新潮，看起来似乎是两个世界的人。但埃罗尔·马斯克却对梅耶·马斯克一见钟情，并且暗恋了她许多年。

经过不懈的努力，埃罗尔·马斯克终于赢得了梅耶·马斯克的芳心，不过，他们的爱情故事却并不像童话中所写的那样——“王子与公主从此过上了幸福的生活”。他们经历了无数次分分合合，却始终无法离开彼此。最终，在埃罗尔·马斯克的坚持下，他们走进了婚姻殿堂，并于 1971 年 6 月 28 日生下了埃隆·马斯克。

因为性格上存在着巨大的差异，他们的婚姻在婚后不久就陷入了矛盾与争执之中。尽管如此，埃罗尔·马斯克和梅耶·马斯克仍然尽自己所能在比勒陀利亚过着体面的生活。埃罗尔·马斯克是一名机械和电气工程师，负责处理一些大型项目，如办公楼、商场、住宅楼和空军基地等，而梅耶·马斯克除了当模特，还成了一名营养师。埃隆出生一年多后，他的弟弟金巴尔·马斯克和妹妹托斯卡·马斯克相继出生。

埃隆·马斯克沿袭了外祖父的冒险基因，青少年时代，他常常到处探险。有一次，他与弟弟金巴尔·马斯克一起骑车到约翰内斯堡，骑了大约八十公里。他们都以为自己知道怎么去约翰内斯堡，但实际上，他们并没有地图，走到半路，就迷失了方向，不得不穿过一些非常危险的地方，一路上险象环生，刺激不已。

埃隆·马斯克还有一个不可思议的爱好——在家中自制炸药和小火箭。南非并没有深受业余爱好者喜欢的火箭套装，不得已，埃隆·马斯克只好自制化合物，并把它们装到罐子里。后来，埃隆·马斯克回忆起这段经历的时候曾经感慨道："值得一提的是，有很多东西可以用来引爆。硝石、硫黄和木炭是火药的基本成分，然后把强酸和强碱混合在一起，就会释放出巨大的能量。如果再加上氯粒和制动液——产生的爆破效果可是相当可观的。我很幸运，我的十个手指头都还在。"

第二节
不合群的“梦游者”

儿时的埃隆·马斯克对新鲜事物都充满了好奇心，他总是瞪着好奇的眼睛打量着周围的一切，并尝试着去认识它们、理解它们。他有与众不同的学习能力，这使得他总是能比其他孩子学得快。他的这一特质使梅耶·马斯克惊喜不已，在她眼中，儿子几乎是个天才，他的天赋超乎寻常。

不过，令梅耶·马斯克不解的是，儿子似乎并不能很好地利用他的天赋，相反，他总是表现出一种神游天外的状态，在他的脸上，最常见的表情就是发呆。有时，人们和他说话，他也没有什么反应，眼睛总是越过对方，看着远处，就像在梦游一般。

儿子的反常表现令梅耶·马斯克隐隐有些不安，她开始担忧：儿子是不是有什么问题？是不是因为耳聋才听不到别人说话？

有一天她终于无法忍受埃隆·马斯克的“梦游”状态，带他到医院去进行检查。医生为埃隆·马斯克安排了各种各样的测试，为了增强他的听力，还动手术摘除了他的扁桃体。但最终的结果表明，一切都是徒劳的，埃隆·马斯克仍然时时沉浸在自己的世界里。梅耶·马斯克只能由他去了，后来，她也逐渐习惯了儿子的游离与沉思。即使到现在，埃隆·马斯克仍然时不时地发呆，但梅耶·马斯克已经不再惊奇，她知道，儿子可能正在思考如何设计新式火箭之类。

不过，对埃隆·马斯克的这种看起来非常奇怪的梦游状态，其他孩子却并不像他的母亲梅耶·马斯克那样包容，相反，他们把他看成是一个异类，甚至经常用一些恶作剧来戏弄他。埃隆·马斯克发呆的时候，那些调皮的孩子们常常会藏起来，等到他走到他们身旁时，他们就突然跳了出来，并且大喊大叫，想把他吓一跳，看他出洋相。

但令他们失望的是，埃隆·马斯克很少如他们所愿，他总是视若无睹、充耳不闻，就仿佛他们戏弄的对象并不是他一样。孩子们感到非常无趣，他们认为埃隆·马斯克是个“怪人”，不合群，一直排斥他。

成为一个不合群的“梦游者”，对埃隆·马斯克来说是一件好事，他喜欢这种特立独行的状态，这会让他更专注。其实，早在他五六岁的时候，他就已经习惯了用一种独特的方式来抵御外界的干扰，这让他可以将全部的精力集中在某一项任务上。这种能力部分源于他的思维方式，他在大脑中呈现的图像清晰且具体，就仿佛大脑中专门用于视觉处理的那部分——本来应该处理眼睛接收的图像，却被内部思维占据了，让他能更专注地思考自己感兴趣的问题。

尽管离群索居，但埃隆·马斯克并不孤独，书是他最好的朋友。从刚开始认字开始，他对书就表现出了一种如饥似渴的热爱。每天，他都会用大量的时间来看书，有时他甚至只用一天的时间就能读完两本书。全家人一起去逛商场的时候，经常会逛着逛着发现埃隆·马斯克不见了，可是梅耶·马斯克并不着急，她总是会派金巴尔·马斯克到最近的书店里去找，金巴尔·马斯克每次都不会落空，只要他一进书店，就会看到他的哥哥正坐在地板上聚精会神地看书。

埃隆·马斯克不只是把读书当成是一种消遣，书里的故事和知识常常能引发他的思考，让他陷入无尽的遐想之中。为了解答心中的疑惑，他又翻阅了更多的书，知识的雪球就这样越滚越大。

都说“腹有诗书气自华”，对书的热爱使得埃隆·马斯克与那些只知道到处疯跑、与小伙伴打打闹闹的普通孩子有着明显的不同。他不只是为了兴趣而读书，更是为了通过书籍了解这个广阔的世界、丰富自己的知识。正是这样的读书态度和知识素养，为他数年之后在多个领域颠覆传统、创造未来打下了坚实的基础，这是当初连他的父母都未曾料到的。

上小学后，埃隆·马斯克对书的渴望更加强烈了。每天下午放学之后，他总是不着急回家，而是独自一人跑到书店去，一直在那里待到日落西山才依依不舍地回到家中。书店的老板每次看到他来，都会皱起眉头，但通常不会赶他。那时他最喜欢看的是小说和漫画，比如《魔戒》、艾萨克·阿西莫夫的“基地”系列和罗伯特·海因莱因的《严厉的月之女王》等。十二三岁时，他忽然感受到了一种存在主义危机，于是，他开始阅读了大量的哲学和宗教书籍。

不过，在所有书中，他最爱的是科幻小说《银河系漫游指南》。在成名后，有一次接受采访，他曾经提起过这本书带给他的启发："这本书教会我，真正的难点在于想明白应该问什么样的问题，一旦你抓准了问题，剩下的就很容易解决了。由此，我得出一个结论，我们应该努力扩大人类意识的深度和广度，以便问出更好的问题。事实上，唯一有意义的事就是努力提高全人类的智慧。"

学校的图书馆也是他常去的地方，但到他三四年级的时候，他发现自己已经把图书馆里的书全看完了。于是，他试图劝说图书馆员帮他订更多的书。他成功了，从那之后，图书馆里多了一套《大英百科全书》。别人都嫌这套大部头的书太过枯燥，但埃隆·马斯克却如获至宝，他迫不及待地读了起来。

《大英百科全书》为他打开了一个新的世界，他发现自己不知道的东西实在是太多了，而所有的一切都在书里。他很快就把这套书读得烂熟于心，而他过目不忘的记忆力也使他成了一个人尽皆知的"万事通"。那时，如果谁有什么问题，只要问埃隆·马斯克就行了，他总能告诉他们正确的答案。有一次，他的妹妹托斯卡·马斯克在餐桌上突然问起了地球到月球的距离，其他人都面面相觑，埃隆·马斯克却脱口说出了近地点和远地点的精确数字。

虽然埃隆·马斯克无所不知，但在其他孩子眼中，这却并不是一件值得骄傲的事情。相反，这使他们更加坚定地认为他是一个"书呆子"，对他越发排斥。

有一天晚上，埃隆·马斯克和一群孩子们在一起玩耍。其中一个孩子忽然哭了起来，说他害怕黑暗，其他孩子纷纷安慰他，而埃隆·马斯克却站在一旁冷静地说道："黑暗并没有什么可怕的，黑暗只是没有光线而已。"这样的安慰方式显然并不能起效，反而让那个孩子哭得更厉害了。小伙伴们对他非常不满，都不愿意再和他玩了。

梅耶·马斯克对此非常忧心，她认为埃隆·马斯克需要朋友，希望他能像金巴尔·马斯克和托斯卡·马斯克那样带朋友回家玩。她劝儿子不要用这种"老夫子"的方式来与别人打交道，更不要粗暴、生硬地对待别人，有时不妨放下理性。但埃隆·马斯克却认为，人们是愿意听到错误被纠正的，而且，了解事实有利于驱除恐惧。于是，他的朋友越来越少。

因为不合群，埃隆·马斯克在学校的生活非常难熬，很多同学不喜欢他，甚至欺负他，给他留下了严重的心理阴影。在布莱恩斯滕高中读中学的时候，他曾经遭受了一次令他终生难忘的校园欺凌。

一天下午，埃隆·马斯克和弟弟金巴尔·马斯克坐在教学楼的台阶上一边聊天一边吃东西，这时，一个男孩开始从背后攻击他。埃隆·马斯克并不知道自己为什么会成为这个男孩的攻击对象，他知道这个男孩是学校里有名的黑帮团伙的一员，一直躲着他，可是对方却追着他不放。那个男孩在埃隆·马斯克身后用脚猛踢他的脑袋，并且用尽全身力气把他推下了楼梯。

猝不及防的埃隆·马斯克从楼梯顶端跌落了下去，在地上打了好几个滚，摔得鼻青脸肿。他跌跌撞撞地想从地上爬起来，就在这时，那个男孩的同伙们围了过来，对他拳打脚踢，有些人站在两旁踢他，那个男孩则抓住他的脑袋使劲撞击地面，他们看起来就像一群亡命之徒。寡不敌众的埃隆・马斯克只能抱着头四处躲藏，但最终还是忍不住剧痛晕了过去。

金巴尔・马斯克吓坏了，他冲下楼梯，拼命推开那些人。这时，他看到埃隆・马斯克脸上全都是鲜血，并且已经肿起了一个大包，就像刚刚参加了一场实力悬殊的拳击比赛一样。

埃隆・马斯克被送进了医院，经过了一周的治疗之后，他才回到了学校。这次惨痛的经历给他带来了极大的伤痛，他的鼻子受伤严重，不得不做了鼻部整形手术。

这个黑帮团伙并没有因此而放过埃隆・马斯克，从那之后，他们一直如影随形地纠缠着他。他们不止欺凌埃隆・马斯克，还殴打他最好的朋友，直到那个孩子答应以后再也不会搭理埃隆・马斯克才罢休。他们还非常卑劣地利用那个孩子，用他作为“诱饵”引埃隆・马斯克出来，把埃隆・马斯克狠狠地打了一顿。

在那段长达三四年的时间里，埃隆・马斯克饱尝艰辛。那帮人无休止地挑衅、纠缠着他，让他没有丝毫喘息之机。每次他都会被打得遍体鳞伤，这令他绝望不已，而更令他伤心的是，回到家里，也得不到安慰，因为家中的气氛同样令人窒息。

第三节
离异家庭的痛与伤

在南非，埃隆·马斯克一家过着优渥的生活，他们的房子在比勒陀利亚是最大、最豪华的，衣食起居全都由专业的管家来打理，自己根本无须操心。节假日里，他们也会像其他上流社会的富裕家庭一样，邀请朋友们参加聚会，在后院烧烤、喝酒、观赏非洲舞女的舞蹈，一直到深夜才意兴阑珊地散去。

这种衣食无忧的生活要归功于埃罗尔·马斯克，埃罗尔·马斯克是一位出色的电气及机械工程师，他的工程生意非常红火。除此之外，他还通过咨询服务生意和房地产开发赚到了不少钱。

不过，幸福的生活并没有持续多长时间，没过多久，这个家庭就分崩离析了。埃隆·马斯克的父母因为性格不合选择了分居，后来，他们干脆离了婚。梅耶·马斯克带着孩子们离开了比勒陀利亚，搬到了位于南非东海岸的德班，在那里，他们有一栋度假别墅。

和母亲在一起的生活很自在，埃隆·马斯克的母亲梅耶·马斯克不是一个只知道为柴米油盐酱醋茶担忧的家庭主妇，而是一个视野开阔、充满活力的人，所以尽管孩子们生活在单亲家庭中，家庭环境却依然充满爱。

不过，几年之后，埃隆·马斯克还是决定回到父亲身边。对此，他的解释是母亲带着三个孩子，而父亲却孤身一人，这对父亲不公平。然而，也有人说是他的祖母科拉给他施加了压力。

埃隆·马斯克的离开对梅耶·马斯克来说是个巨大的打击，她想不明白，为什么儿子会做出这样的选择，她一直竭尽所能地为孩子们提供好的生活环境。不过，她知道埃隆·马斯克是个固执又有主见的人，只要他做出决定，谁也无法改变他的心意。更令她伤心的是，后来金巴尔·马斯克也选择与埃罗尔·马斯克生活在一起，她只能安慰自己，儿子总是更愿意和父亲在一起生活，这是一种天性。

父亲很忙，大多数时间是祖母科拉照顾他们。科拉·阿米莉亚·马斯克出生在英格兰一个知识分子家庭，她温文尔雅，却非常强势。她爱孙子们，无微不至地照顾着他们，每天她都会去接埃隆·马斯克放学，还会与他一起做拼字游戏之类的事情。

起初，在父亲家的生活令埃隆·马斯克感到如鱼得水。家里有数不胜数的书，让他可以自由地沉浸在书海中。更难得的是，父亲总是愿意支持他的爱好，比如给他钱让他去研究计算机。埃罗尔·马斯克还是一个学识渊博的人，每当埃隆·马斯克有疑问的时候，就会去问父亲，他总能告诉他这是怎么一回事，他甚至知道每一种物理现象背后的原理。他还喜欢带着孩子们旅行，他们去过欧洲、美国等地，甚至还开飞机前往非洲著名的坦噶尼喀湖。在那里，埃罗尔·马斯克拥有一处翡翠矿的股权。对埃隆·马斯克来说，这是一段非常愉快的时光，给他留下了很多美好的回忆。

然而，与快乐相伴的，是父亲那令人无法忍受的严苛与挑剔。埃罗尔·马斯克并不是一个好相处的人，他对孩子们尤其严厉。他经常会因为一件鸡毛蒜皮的小事，让埃隆·马斯克和金巴尔·马斯克坐在他对面，一训就是好几个小时。如果孩子们敢于辩驳或反抗，他就会变本加厉。在埃隆·马斯克看来，埃罗尔·马斯克似乎视管束孩子们为乐趣，孩子们越是因此而痛苦，他越有成就感。

那时，埃隆·马斯克曾经尝试着劝说父亲离开南非，搬到美国去，埃罗尔·马斯克对此非常不满，他好好教训了儿子一顿，让他不要有这种不切实际的幻想。为了惩罚埃隆·马斯克，埃罗尔·马斯克还把管家解雇了，让埃隆·马斯克负责家里的所有家务，并告诉他，这就是他向往的美国式的生活！

在成年之后，埃隆·马斯克很少提起与父亲一起生活的细节，尽管如此，不可否认的是，这段经历一定是令他非常痛苦的，他曾经谈到自己一直需要忍受某种形式的精神折磨。后来，在他有了孩子之后，他一直禁止他的孩子们和埃罗尔·马斯克见面。

第四节
第一次走进计算机世界

十岁时，在约翰内斯堡的桑顿城购物中心，埃隆·马斯克第一次接触到了计算机。

桑顿城购物中心有一家商店，专卖电子产品，比如音响器材等。在某个角落里，摆着几台计算机。那时，在人们的眼中，计算机是非常陌生的，很少有人了解这个新奇的设备，更很少有人知道如何使用它。

埃隆·马斯克第一次看到计算机的时候，感觉仿佛打开了一扇通往新世界的大门,有一个声音一下子在他的脑海中响起：“哇,天啊！居然有这么好玩的东西！”他认真地研究这台机器，最后他发现自己可以用这台机器编程，来执行人类的指令。

他被这台神奇的机器深深地吸引了。那时，他的心中只有一个念头：“我一定要得到它！”

回到家之后，他就缠着父亲给他买计算机。在当时，计算机的价格近似天价，但父亲并没有因此拒绝他，于是，没过多久，埃隆·马斯克就得到了一台 Commodore VIC-20 型计算机。这款在当时最为畅销的家用计算机诞生于 1980 年，有 5KB 的内存，并随机附送了一本 BASIC 汇编语言教学手册。

通常来说，要学完这本教学手册，需要大约六个月的时间。然而，埃隆·马斯克只用了三天三夜就看完了整本书。那时他就像疯了一样，废寝忘食地阅读，直到把书看完之后，他才想起来自己已经很久没有睡过觉了。

虽然埃罗尔·马斯克花了很大一笔钱为埃隆·马斯克购买计算机，但是一向保守的他对这台新机器并不感兴趣，甚至有些嗤之以鼻。在他看来，这台设备只不过是儿戏罢了，只能用来玩玩游戏，怎么可能用来做真正的工程项目？对父亲的鄙夷和轻视，埃隆·马斯克并没有放在心上，他只是说了一句“无所谓”，就又转身投身于计算机的世界，继续如痴如狂地学习如何使用计算机。

1984 年，埃隆·马斯克凭借着计算机第一次走进了人们的视野中。这一年，南非的一本叫作《个人计算机和办公技术》的杂志发布了埃隆·马斯克设计的一款游戏源代码。这款游戏是埃隆·马斯克独立设计的，由 167 行代码组成，他为它取名为“炸弹”，设计灵感来源于科幻小说的太空场景。

对自己的这个有些简陋的第一个作品，埃隆·马斯克非常满意。在个人计算机时代早期，用户需要输入所有的指令才能让机器运行某个程序。在这个背景之下，马斯克设计的这款游戏在计算机界虽然算不上出类拔萃，不过，显然已经超过了绝大多数十二岁的孩子。

对“炸弹”的报道很简单，不过，从其中的只言片语依然可以窥见埃隆·马斯克的性格之一斑。在这篇报道中，作者写道，这个张扬、前卫的年轻人给自己取了一个听起来有些像科幻作家的名字——E·R·马斯克，而且，早在很久之前，他就已经在自己的头脑中形成了一个详细的征服计划："在这个游戏里，你必须费尽心思摧毁外星人的太空舰队，它们并不好对付,因为它们携带了大量杀伤力巨大的氢弹和状态光柱机(埃隆·马斯克独创的名词)。这个游戏把精灵和动画的元素运用得淋漓尽致，让人玩起来感觉非常过瘾。从这个意义上来说，这个游戏是非常值得推荐的。"

第二章
从南非到美国，开启美国梦

第一节
离开南非

十五岁时，埃隆·马斯克就产生了离开南非的念头。

非洲大陆自古就是黑人的土地，然而，欧洲国家的入侵却使得这片土地上的各个国家沦为殖民地，原住民与欧洲人的战争从未停歇，由种族主义引发的流血冲突经常爆发。埃隆·马斯克的故乡南非共和国，也发生着同样的悲剧。1910 年统一的南非白人政权建立之后，种族主义的发展逐渐进入了制度化阶段，并形成了种族隔离制度。

种族隔离制度与其“双重殖民”的独特历史有着密不可分的关系。17 世纪初，随着大航海时代的到来，葡萄牙人和荷兰人来到了南非。荷兰东印度公司在如今的好望角地区建立了殖民点，以此作为中转基地，为绕过好望角贩卖东印度香料的荷兰商船提供粮食、牛肉、烟草、淡水等补给，同时也扩大自己的势力范围。住在开普敦地区的土著居民为了生计，开始做一些为白人畜牧、劈柴、做仆人的底层工作，后来渐渐沦为奴隶，并在南非荷兰裔（布尔人）社会当中形成了奴役当地土著的传统。

拿破仑战争后，英国国内积重难返，再加之大量的退伍军人涌入劳动力市场，爆发了严重的社会问题。为了解决内部矛盾，英国政府决定向从荷兰手中得到的开普敦殖民地移民。到1830年前后，开普敦殖民地的英国人数量几乎压倒了布尔人。于是，英国政府宣布，开普敦殖民地的土地是“皇家土地”，布尔人不能再免费占据土著的土地，而且当地原先的奴隶制度也受到了严重的限制。对此，布尔人极其不满，1899年，在英国人和布尔人之间，爆发了一场残酷的布尔战争，经过这一役，英国人将南非布尔人全部纳入英属南非的政治体系之中。

不过，在1902年英国吞并了两个布尔人共和国之后，布尔人在南非白人中所占的比例上升到了60%，他们的政治局面由此打开。1910年，布尔人的极端政治组织南非国民党在大选中将亲英的“联邦党”击败，之后，他们开始在南非全国推行有关种族歧视和种族隔离的法律，从而加强“自我保护”。

20世纪70年代，南非国民党统治下的白人种族主义政权发展到了鼎盛时期。南非政府利用廉价的黑人劳动力、白人的管理才干，还有无穷无尽的矿藏——黄金、钻石、白金、铀、锰，以及占全非洲储量87%的煤炭，把南非建设成非洲唯一一个接近于西方发达世界的国家。当时的南非经济基础稳固，基础设施发达，按照白人的人均收入计算是世界上最富裕的国家之一，也是当时世界上十一个粮食自给有余并有余粮出口的国家之一。其黄金开采量占世界的四分之三，能够制造从电冰箱到汽车的各种产品，每年出口大量的粮食、葡萄酒、纺织品和机器。

然而，经济日益发达的背后，种族主义的幽灵却从未散去。南非的黑人在自己的土地上受到三百多项歧视性法律的限制，这些法律规定黑人可以在什么地方居住、工作、吃饭、旅行，可以和什么人结婚，规定年满十六岁的黑人必须携带身份证，天黑之后不能进入白人居住的城镇。对于南非黑人来说，这是最大的不公平。

从 20 世纪 60 年代开始，很多国际组织都在对南非施加压力，希望当地政府放弃种族隔离制度。这导致南非国内的反种族隔离运动越来越白热化。

1976 年 6 月 16 日，索韦托镇大约两万多黑人中小学生为了抗议白人当局强行规定在黑人学校使用阿菲利康语（也称为“南非荷兰语”，来源于荷兰移民布尔人，是当时南非少数白人统治者使用的语言），而不是南非当地人使用的非洲本土语言作为教学语言，举行了大规模的和平示威游行。在这次游行中，警察强行驱散了人群，并开枪射杀了一名叫作海克特·彼特森的年仅十三岁的男孩。

中弹后在鲜血和痛苦中挣扎的彼特森，被愤怒而悲伤的游行者抱在怀中疯狂奔跑。这一幕被一位摄影师拍了下来，迅速传遍并震惊了全世界。南非种族主义当局的血腥镇压，激起了广大黑人的愤怒情绪，随后抗暴斗争迅速扩展到南非大部分地区。当局出动上千名军警，进行血腥镇压，先后造成 176 人死亡，1228 人受伤，许多无辜者被逮捕。

那一年，埃隆·马斯克只有 4 岁，但这之后多年，他一直生活在种族主义的阴影之下。童年时期，在父亲带他到其他国家旅行的时候，他就已经体会到了别人是怎样看待他的祖国的。

那时，他总会感到有些羞愧，因为他知道，种族隔离是错误的，是可耻的。当时的南非要求男性公民到了十八岁后必须服兵役，然而埃隆·马斯克不想入伍，因为他不想被迫参与到种族隔离运动中去。

所以，青少年时代的他就渴望逃离南非，他想到美国去，在他眼中，美国是一片充满梦想和自由的热土，在那里，他可以得到真正的自我实现。

不过，要去美国并非易事，为了实现这个梦想，他决定以母亲的出生国加拿大作为跳板。

机会很快就来了，1987 年，调整后的法律允许子女继承梅耶·马斯克的加拿大国籍。得知这一好消息后，埃隆·马斯克欣喜若狂，他马上开始着手研究办理这一手续所需要的证件和材料。花了整整一年的时间，埃隆·马斯克终于得到了加拿大政府的批准，并拿到了加拿大护照。

直到一切尘埃落定之后，他才对家人们说自己要去加拿大。梅耶·马斯克对此震惊不已，但她却知道，儿子已经打定了主意，只能随他去了。

埃隆·马斯克苦苦等待了三个星期，才拿到梦寐以求的机票。一拿到机票，他就头也不回地离开了家。

南非之外，广阔的世界正等待着他。

第二节
加拿大的困顿生活

1988 年 6 月，坐在飞往加拿大的飞机上的埃隆 · 马斯克对自己未来的命运一无所知。事实上，就连飞机降落后要去往何方，他也毫无头绪。

对他离开南非去加拿大的事情，他的父母一直不同意，也不愿意向他提供任何援助。所以，当时的埃隆 · 马斯克只知道他有一个远房表舅，住在蒙特利尔，或许能暂时收留他。虽然他并不知道表舅的联系方式，但这几乎是他唯一的救命稻草了。

经过漫长的旅程后，飞机终于缓缓降落在了蒙特利尔机场，埃隆 · 马斯克随着人流走下飞机，看着与南非截然不同的北美风光，不由得深呼一口气。他知道自己离梦想之地只有一步之遥了。

不过，对他来说，眼下最重要的事是和表舅联系，解决自己的生存危机。他找到一个公用电话，拿着一本公用电话簿，挨个给与表舅同名的人打电话，却一无所获。

无奈之下，他只好打电话给母亲，希望从母亲那里获得帮助。但他得到的消息却令他失望不已。原来，在埃隆·马斯克离开南非之前，梅耶·马斯克就给自己的远房表兄写了一封信，希望他能照顾一下她的儿子。但她等了很久也没有收到回复。当埃隆·马斯克坐在去往加拿大的飞机上时，表兄的来信却不期而至。他在信中说自己早就不住在蒙特利尔了，而是搬到了美国明尼苏达州。

这对埃隆·马斯克来说真是一个坏消息，这意味着他在蒙特利尔无家可归了。失去最后一根救命稻草的他只好带着行李，找了一家简陋的青年旅馆住了下来。

最初的几天里，埃隆·马斯克一直在蒙特利尔的街头闲逛，很快，他就对这个陌生的城市了如指掌。晚上，躺在青年旅馆的床上，他开始思考自己接下来的计划。思来想去，他还是决定向亲戚们求助。

埃隆·马斯克的家族成员分散在加拿大的各个城市，他尝试着通过打电话联系他们。虽然大多数时候，那些电话都无人接听，但幸运的是，他联系上了自己的一位远房表兄，得知他住在萨斯喀彻温省西南部的小镇斯威夫特卡伦特。怀着最后一点希望，他决定千里迢迢投奔这位表兄。

萨斯喀彻温省是埃隆·马斯克的外祖父曾经生活过的地方，距离蒙特利尔两千多公里。幸运的是，他只花了一百美元就买到了一张在加拿大通用并且可以中途上下的车票。经过长途劳顿后，他终于抵达了这个位于斯威夫特卡伦特河畔、人口稀少的小镇，在加拿大找到了一个落脚的地方。

这之后一年的时间里，埃隆·马斯克一直靠打零工为生。

在那位表兄的介绍下，他先是到了另一位表兄位于小镇瓦尔德克的农场打工，做一些种植蔬菜、打扫粮仓的杂活。

埃隆·马斯克出生在富裕家庭，从小过着有仆人伺候、衣食无忧的“少爷式”生活，从来没有干过什么农活。但时至今日，为了在加拿大生存下去，他只能忘掉以前奢华的生活，脚踏实地做最苦、最累的活。

为了谋生，他还曾经到失业救济办公室询问哪种工作的收入最高，失业救济办公室给出的答案令他哭笑不得——清理木材厂的锅炉房，每小时可以赚 18 美元。他接受了这份工作，从那之后，他每天都要穿上厚厚的防护服，像只企鹅一样摇摇晃晃地穿过狭窄的通道，忍受着高温，用铁锹把滚烫的沙子、黏稠物和热气腾腾的残渣铲到洞口外面。汗水从他的额头上、背上、腿上像小溪流一样流了下来，把他的衣服全都打湿了，让他感觉自己仿佛待在蒸笼里一般。每隔一段时间，他就要到外面去透透气，如果不这样的话，就有可能会被热死。

被安排和他一起工作的人最初有三十多个，到了第二天，只有五个人出现在锅炉房里。一周结束了，只有埃隆·马斯克和其他两位同事还坚持做这份工作。

因为赚得不多，埃隆·马斯克的生活很清苦，生活费每天不到一美元，有时甚至连饭都吃不上，为了果腹，他只能吃一些便宜的橘子。

埃隆·马斯克的十八岁生日也是在加拿大度过的，为他庆祝生日的是几个刚刚认识的远房亲戚和邻居，他们一起分享了埃隆·马斯克的生日蛋糕。这或许是他有生以来过得最简单的一个生日了。

正当埃隆·马斯克在加拿大过着困顿的生活时，他的妈妈、弟弟和妹妹也正在想方设法到加拿大来。其中，决心最大的莫过于他的妹妹托斯卡·马斯克了。当梅耶·马斯克独自一人前往加拿大寻找住所的时候，十四岁的托斯卡·马斯克就趁机把南非的家族房产和汽车卖掉了。梅耶·马斯克回到南非后发现自己已经无家可归，震惊不已。她问女儿为什么要这么做，托斯卡·马斯克回答说："不要再迟疑了，我们现在就离开这个地方！"

历尽千辛万苦之后，他们一家人终于在加拿大团聚了。

第三节
雄心勃勃的大学时代

1989 年，在母亲和弟弟妹妹来到加拿大之后，埃隆·马斯克终于结束了自己的打工生涯，生活开始走上了正轨。

他决定继续自己的学业，进入位于加拿大安大略省金斯顿的女王大学就读。加拿大女王大学一直以来都被公认为是加拿大顶尖学府，素为加拿大传统四大校之一，是全加拿大最难进、竞争最激烈的大学之一。但埃隆·马斯克当时的选择不只限于此，加拿大滑铁卢大学也向他伸出了橄榄枝。他曾在这两所名校之间摇摆不定，但当他听说女王大学的美女更多时，就毫不犹豫地选择了女王大学。

与备受排挤、屡遭欺凌的中学时代相比，大学对埃隆·马斯克来说如同天堂。在加拿大女王大学，他如鱼得水。他不再像少年时表现得那么无所不知，也幸运地在学校里找到了一群尊重他学识的同道中人。对他的勃勃雄心，人们总会给出积极的回应。当他发表在能源、太空和其他感兴趣领域的独到见解时，他得到的不是嘲讽、讥笑，而是赞赏与认同。

在所有朋友中，与他接触最多、对他了解最深入的，莫过于内瓦得·法鲁克了。内瓦得·法鲁克是埃隆·马斯克的室友，他是一个在日内瓦长大的加拿大人。他们住在国际部的学生宿舍里，通常，学校在安排宿舍的时候，会安排一个加拿大学生搭配一个海外学生室友。不过埃隆·马斯克的宿舍却是一个例外，因为从理论上说，埃隆·马斯克是加拿大学生，但事实上，刚来加拿大一年多的他对周围的一切并不了解。

埃隆·马斯克和他的室友很快就建立起良好的关系，因为他们都有过海外生活的经历，也都喜欢棋盘游戏，这让他们有很多共同语言。当视频游戏《文明》刚刚问世的时候，埃隆·马斯克和法鲁克会花大把的时间来打造自己的“帝国”，他们经常连续几个小时沉浸在游戏之中，还会兴高采烈地交流着游戏经验，而法鲁克的女朋友却被遗忘在了一边，只能沮丧地独自待在另一个房间。

埃隆·马斯克和法鲁克还有一个共同点——他们都喜欢独来独往，并且对自己的这种生活方式非常满意。即使是在派对上孤身一人，他们也乐在其中，不会感到局促。在别人看来，这或许是一种社交障碍，但他们却习以为常，并一直保持着这样的习惯。不过，在法鲁克看来，埃隆·马斯克虽然不太擅长交朋友，但他对自己为数不多的朋友却非常忠诚。

内瓦得·法鲁克热爱学习，他从不逃课，用虔诚的态度去上每一堂课。这可帮了埃隆·马斯克的大忙，他常请求内瓦得·法鲁克为自己应付点名，还借来内瓦得·法鲁克的课堂笔记来抄，这样他不必上课也知道进度。

不上课的埃隆·马斯克忙着做生意，他在宿舍里卖电脑配件和电脑整机，从中赚一些外快。他对电脑的了如指掌，使得他能够根据人们的不同需求来为他们组装出实用的电脑，比如给爱玩游戏的同学组装运行速度超快的电脑，给只需要用电脑来写论文的同学组装可以进行简单的文字处理、价格较便宜的电脑。因为他给出的价格通常很低，所以，很多同学慕名而来，他的生意很红火。除了组装电脑之外，他还帮同学修电脑。同学们的电脑如果不能正常启动或中了病毒，就会来找埃隆·马斯克，他几乎能解决任何问题。

这一时期的埃隆·马斯克更加雄心勃勃。在加拿大女王大学，他表现得异常活跃，他学习商业课程，参加演讲比赛，是校园里最为忙碌的一员。他那令人惊讶的专注和竞争力在那时就充分表现出来了。有一次经济学考试之后，他和法鲁克以及其他几个同学结伴回到了宿舍里，闲极无聊的他们拿出各自的笔记来翻看，想比较一下看谁的笔记做得更好、谁能得到更好的成绩。结果一点儿也不令人意外——埃隆·马斯克对知识的掌握比其他人更加扎实。事实上，对自己感兴趣的科目，埃隆·马斯克总会投入比别人多得多的精力，尽己所能取得最好的成绩。但他从来不会盲目地追求 A 等，他宁愿把自己的时间和精力用来玩电脑游戏、写代码和读书，也不愿意去获得那些没有意义的 A 等。

在学习之余，埃隆·马斯克还会和弟弟金巴尔·马斯克一起找乐子。他们常在一起读报纸，如果在报纸上发现了什么有趣的人物，他们就会找到对方的电话，打电话给他们，问他们是否愿意和两个年轻人一起共进午餐。通常，人们会认为这只不过是两个无聊的年轻人搞的恶作剧，厌烦地把电话挂掉。但也有一些人对他们感到好奇，答应了他们的请求，彼得·尼克尔森就是其中之一。

彼得·尼克尔森身兼多重身份，他是加拿大新斯科舍省彼得银行的高层管理者，同时还是多伦多蓝鸟棒球队的营销主管及《环球邮报》的商业专栏作家，恰恰符合埃隆·马斯克所认为的“有趣”的标准。于是，他们满怀热情地给尼克尔森打电话，尼克尔森被这两个年轻男孩精心准备的说辞说服了，于是同意与他们一起吃午饭。不过，因为他工作十分繁忙，这顿午饭被推到了整整六个月之后。

尽管如此，埃隆·马斯克和金巴尔·马斯克还是坐了好几个小时的火车，准时出现在了尼克尔森家中。他们给尼克尔森留下了良好的印象，两个人都表现得很有礼貌、举止大方。尼克尔森对他们产生了好感，后来，他还为埃隆·马斯克提供了一份暑期在银行实习的工作，并成为他值得信任的导师。

第一次见面之后，埃隆·马斯克和尼克尔森的交往越来越深，尼克尔森还介绍了自己的女儿克里斯蒂给他们。这之后不久，埃隆·马斯克便邀请克里斯蒂参加自己的生日聚会，克里斯蒂欣然同意了。

几天后，克里斯蒂带着自己亲手制作的果酱来到了埃隆·马斯克一家在多伦多的住所，在那里，有十几位客人正等待着她。埃隆·马斯克热情地把她迎进门，把她带到沙发边与她聊天。不过，埃隆·马斯克显然不是一个擅长与女孩聊天的人，他与克里斯蒂说的第二句话就是“我想了很多关于电动车的事情”，他还问她：“你会思考关于电动车的事情吗？”这让克里斯蒂忍俊不禁。

在克里斯蒂眼中，埃隆·马斯克是个英俊潇洒、魁梧有力的书呆子。他是那么与众不同，这让克里斯蒂对他产生了浓厚的兴趣。

埃隆·马斯克也被克里斯蒂吸引了，她身材高挑、皮肤白皙，有一头金色的长发，正是埃隆·马斯克喜欢的类型。不过，他们并没有交往，只是一直保持着联系。两个人经常在电话里聊各种话题。有一次，埃隆·马斯克告诉克里斯蒂："如果我能找到一种方法，能让我即使不用吃饭，也能工作很长时间，那我宁愿不吃饭。我希望找到不用吃饭就可以直接摄取营养的方法！"这几乎是克里斯蒂听过的最不可思议的事情了。

第四节
宾夕法尼亚大学的美好时光

虽然在加拿大女王大学的生活令埃隆 · 马斯克非常满意，但他并没有因此而满足，他一直牢记着自己的目标——到美国去。为此，他不断申请美国的各个名校。天道酬勤，1992 年，在加拿大女王大学已经读了两年的埃隆 · 马斯克终于得到了美国宾夕法尼亚大学的录取通知书。

宾夕法尼亚大学是本杰明 · 富兰克林于 1740 年创建的，是一所全球顶尖的私立研究型大学、著名的八所常春藤盟校之一，也是美国第一所从事科学技术和人文教育的现代高等学校。这正是埃隆 · 马斯克梦想中的大学，他希望这所名校能成为他进入美国社会的敲门砖，为他带来更多的机遇。

在宾夕法尼亚大学，埃隆 · 马斯克付出了超乎寻常的努力，他主修了双学位——首先是沃顿商学院的经济学学位，然后是物理学学士学位。在这里，他更加如鱼得水。他很欣喜地发现，在这里他总能遇到与自己想法相似的人，那些在别人眼里是“书呆子”的人，其实一点也不呆板，相反，他们非常有趣。他与那些学物理的同学非常投机，相处得非常好，他们经常为一些物理问题而争论不休，但有时争着争着就会开怀大笑，那是埃隆·马斯克人生中的一段美好时光。

不过，埃隆·马斯克与其他专业的学生交往甚少，只有一个叫作阿德·雷西的人成为他非常亲密的朋友。多年后，雷西成为一名硅谷创业者，并且一直与埃隆·马斯克保持着密切的关系。

雷西又瘦又高，是一个看起来有些古怪的人。与埃隆·马斯克在宾夕法尼亚大学表现出来的勤奋和刻苦相比，他更加放松，并且富有艺术气息。他和埃隆·马斯克一样，都是转学生，于是他们都被安排住进了条件并不太好的新生宿舍里。宿舍不但简陋，而且脏兮兮的，这令埃隆·马斯克非常失望。于是，他决定和雷西一起到学校外面租房。

后来，他们用非常低廉的价格，租下了一套宽敞的大房子。这套房子足足有十个房间，这简直令埃隆·马斯克和雷西欣喜若狂。平时，他们把时间都用在了学习上，但到了周末，雷西就会给房子来个“大变装”，他非常擅长废物利用——用垃圾袋把窗户挡得严严实实，使屋子里光线变暗，用五颜六色的颜料和他能找到的所有物件来装饰墙面，这样一来，这套原本中规中矩的房子看起来就像是一个夜总会。雷西这么做，是有自己的小算盘的，他把这里当成了真正的夜总会，他邀请很多人来参加聚会，每个人只要交五美元，就可以尽情地在这里喝酒——各种各样的酒，聊天、与美女搭讪。一到了周五晚上，整套房子里就会充斥着雷西精挑细选的音乐，他酷爱摇滚乐，只要他一放歌，地面都会随之颤动。

有一天，梅耶·马斯克来看望埃隆·马斯克，恰好赶上雷西正在办派对。在雷西的安排下，她也承担了一部分工作——站在门口负责保管衣物和收取门票。那时，他们用来装钱的鞋盒里已经堆满了钞票，为了安全，梅耶·马斯克不得不抓起一把剪刀。

对雷西的“夜总会”，埃隆·马斯克并没有表示出什么不满，不过，当他发现雷西把他的桌子钉在墙上并且涂上了荧光粉时，他想也不想就把桌子搬回了房间，并且用油漆粉刷成了黑色，继续用来学习。雷西告诉他，那是他的装饰品，但埃隆·马斯克却实事求是地说：“那是一张桌子。”

有时，埃隆·马斯克也会在派对上喝一点伏特加兑健怡可乐，但他总是适可而止，他是一个自制力非常强的人，从来都不会把自己灌醉，而且，他也不是很喜欢酒的味道。只有在一件事上，埃隆·马斯克偶尔会失去自己的自制力，那就是玩电脑游戏，好在当他深陷其中的时候，雷西总会制止他继续沉沦下去。

也是从这一时期开始，埃隆·马斯克对太阳能领域产生了浓厚的兴趣，并且开始了在新能源领域的初步探索。1994 年 12 月，他的某门功课的教授给学生们布置了一个作业——写一份商业计划书。埃隆·马斯克选择了以太阳能作为目标行业，并给自己的商业计划书取名为“太阳能的重要性”。

从这篇论文的开头，就能窥见埃隆·马斯克略带讽刺的幽默感，他写道：“太阳明天会照常升起……小孤儿安妮论可再生能源。”接下来，他以材料的改进和大型太阳能发电站的建设为切入点，对太阳能技术的发展进行了深入的探讨，并仔细研究了太阳能电池的工作原理和各个部分的有效利用，最后，他得出了一个结论：太阳能技术将得到更加蓬勃的发展。

在这篇论文的末尾，他还用生动的笔触，认真描绘了他想象中的“能源站的未来”：他画了一对巨大的太阳能电池板，它们飘浮在太空中——每个太阳能电池板有四千米长——通过微波源源不断地向地球发射能量，而用来接收能量的天线直径则更加夸张，足足有七千米。

埃隆·马斯克的论文得到了 98 分，他的教授被他的想象力吸引了，并给出了这样一个评价——这是一篇“非常有趣、写得很不错的论文”。

但这篇论文并不是埃隆·马斯克本人最满意的论文，他所写的一篇关于超级电容器的论文，更令他满意。在这篇长达 44 页的论文中，埃隆·马斯克对于能源存储的新型方式感到惊喜不已，这是自电池和燃料电池问世以来，又一种存储大量电能的新方法。在他看来，这些技术将来有一天可以运用到汽车、飞机和火箭上。他在论文中还提到了硅谷一家实验室的最新研究，他指出：“最新的研究结果充分证明了，因为超级电容器保持了电容器的基本特性，它传送电能的速度可以比同等重量的电池快数百倍，但是充电速度却一样快。”

埃隆·马斯克的这篇论文得到了 97 分，而且，教授还称赞他分析得非常透彻，并且具有丰富的财务知识。教授的评价一点儿也不夸张，埃隆·马斯克的确能够像逻辑学家一样清晰简洁地表达自己的观点，而且还能敏锐地抓住要点，并十分准确地从一个要点转移到下一个要点。

大学生活很快就要结束了，一个现实问题摆在了埃隆·马斯克面前：大学毕业后，他该选择哪条路？

因为他爱玩电脑游戏，所以他曾经考虑过进入视频游戏行业。不过，如果将自己的目标止步于此，他又觉得这个追求实在是不够宏大。他想：即使我付出了极大的努力，做出了非常出色的电脑游戏，但这又如何？我不会给这个世界带来多大的影响，可能过不了多长时间，人们就会忘记这个游戏。更有可能，根本没人知道这个游戏是谁设计的。所以，尽管他发自内心地热爱游戏，但他不会把它当成自己的职业。

他早就打定主意想要改变世界，为此，他一直没有停止思考未来世界的可能性。经过了在加拿大女王大学和宾夕法尼亚大学的学习和研究，他最终得出了一个结论：有三个领域，在时代潮流的推动下，注定会发生巨变，那就是互联网、可再生能源和太空探索。他把目标锁定在了这三个领域，希望有一天自己能有所作为。

他兴高采烈地把这个想法告诉了他当时的女朋友贾斯汀·威尔逊，但贾斯汀·威尔逊却认为他只是在空想罢了。

第五节
与贾斯汀·威尔逊的相遇

在加拿大女王大学，埃隆·马斯克最大的收获是与贾斯汀·威尔逊之间的爱情。

贾斯汀·威尔逊与埃隆·马斯克是大学同学，只比他小一岁。她身材颀长高挑，婀娜多姿，有一头棕色的亮丽秀发，有一双迷人的双眸，是个不折不扣的美人。但贾斯汀·威尔逊的美不只在于她的外表，她不是一个只靠美貌混日子的小女人，她聪明，还会写科幻小说，是跆拳道黑带选手，更重要的是，她有独立思想，有强烈的反叛精神，而且和马斯克的价值观完全一样。

她身上所散发的浪漫、多情又独特的气质深深吸引了埃隆·马斯克，他迅速对她展开了猛烈的攻势。

埃隆·马斯克采取的第一步行动是悄悄守在贾斯汀·威尔逊的宿舍外面，等到回来的时候，再装作与她巧遇的样子和她打招呼，并告诉她他们之前在某次排队的时候曾经有过一面之缘，并邀请她过一会儿与自己一起去吃冰激凌。

聪明的贾斯汀·威尔逊很快就意识到了埃隆·马斯克是醉翁之意不在酒。埃隆·马斯克的青睐令她意外，那时的她刚刚从一段复杂的情感纠葛中解脱出来，离开了比她年长很多的初恋男友，独自一人来到加拿大女王大学。一直以来，她都对比他年龄大的男人情有独钟，她喜欢男人骑着摩托车，停在她宿舍的窗户下，在暮色中高声呼喊她的名字，她幻想中的意中人应该是一位穿着深棕色夹克的“罗密欧”。

而贾斯汀·威尔逊是这样描述埃隆·马斯克的：“他大我一个年级，出身于上流社会，外表整洁利落，说话时带着一口南非腔。”显然，埃隆·马斯克并不是贾斯汀·威尔逊想象中的白马王子的形象。

但这并不妨碍贾斯汀·威尔逊接受埃隆·马斯克的邀请。不过，回到宿舍后，贾斯汀·威尔逊却反悔了，她在宿舍门上贴了一张纸条，告诉埃隆·马斯克自己必须去参加一个考试，不能去约会了，很遗憾。为了躲开埃隆·马斯克，她跑到学生中心的一间闷热的房间里，埋头阅读西班牙语课文。可是，几个小时后，她忽然听到了背后传来了一声轻轻的咳嗽声。她回头一看，看到埃隆·马斯克正尴尬地冲她笑，他手中的两个巧克力冰激凌筒已经化了，正往下滴。这时贾斯汀·威尔逊才明白，埃隆·马斯克并不是那种会轻易接受否决的男生。

贾斯汀·威尔逊与埃隆·马斯克有共同的兴趣——阅读科幻小说。她还尝试着自己写科幻小说，事实证明，她是一位很有天赋的科幻作家。有一次，她和埃隆·马斯克一起去书店，她指着畅销书书架对埃隆·马斯克说：“我希望有一天我自己的书也会摆在这个架子上。”

在此之前，贾斯汀·威尔逊曾经对自己的一个女性朋友提起过这个想法，那位朋友听了之后，马上放声大笑了起来，甚至差点崴到自己的脚。但埃隆·马斯克的反应却与这位朋友大不相同，他一本正经地看着贾斯汀·威尔逊，好像她的话触动了他的内心。过了一会儿，他轻声说道：“你的灵魂中有一团烈焰，我在你身上看到了我自己的影子。”

这句话令贾斯汀·威尔逊触动不已，这是第一次有一个男生认为她的野心和梦想比她的秀发、长腿和小蛮腰更让人陶醉。过去，她的男朋友只会抱怨她太爱竞争，而埃隆·马斯克却认为，这一点恰恰是她最迷人的地方。

由此可以看出，埃隆·马斯克之所以会选择贾斯汀·威尔逊，正是因为他们性格相近，对人生的价值观相同，能互相欣赏。贾斯汀·威尔逊的确足够了解埃隆·马斯克，她在问答网站Quora上的回答也足以说明这一点。在这个网站上，有人问了这样一个问题：“我怎样才能成为像比尔·盖茨、史蒂芬·乔布斯、埃隆·马斯克、理查德·布兰森一样伟大的人物？”当时已经成为埃隆·马斯克前妻的贾斯汀·威尔逊写下的回答得到了几百万次转发：

“极致的成功需要极致的个性，这样的成功以其他方面的牺牲为代价。极度的成功跟你认为的‘成功’是不一样的，你不必成为像理查德或者埃隆那样的人也能过上富裕和优质的生活。你获得幸福的概率比成为伟大人物的概率更高。但如果你是一个极端的人物，你必须做你自己，幸福对你来说已经不是人生最重要的目标了。这些人常常是怪胎或者与社会格格不入，他们总是强迫自己以一种非同寻常的方式去体验这个世界。他们找到生存的策略，随着年龄的增长，他们想方设法把这些策略应用到其他的事情当中，为自己创造独特的、强有力的优势。他们的思维方式不同常人，他们总能以全新的角度看待事物，找到具有洞见的创意。但是，人们常常认为他们是疯子。”

热爱竞争的贾斯汀·威尔逊很快就领教到了她爱上的这个人有多热爱竞争。他们两个人同时修读了变态心理学的课程，考试成绩出来之后，贾斯汀·威尔逊得了97分，而埃隆·马斯克得了98分。埃隆·马斯克很不满，他找到教授，与教授争辩自己失去的那两分，教授竟然被说服了，把他的成绩改成了一百分。

但埃隆·马斯克也会表现出浪漫的一面。有一次，他送给贾斯汀·威尔逊一束美丽的玫瑰花，每朵花上面都附有一张写着甜蜜情话的纸条。他还曾送给贾斯汀·威尔逊一本诗集《先知》，里面也全都被他写满了情话。这些浪漫的举动，彻底征服了贾斯汀·威尔逊的心。

埃隆·马斯克到宾夕法尼亚大学读书后，贾斯汀·威尔逊仍然待在加拿大女王大学，他们不得不开始异地恋。只要有时间，贾斯汀·威尔逊就会去探望埃隆·马斯克，两人会在纽约度过一个浪漫的周末。

其后几年里，埃隆·马斯克和贾斯汀·威尔逊分分合合，马斯克努力地维系着这段恋情。贾斯汀·威尔逊的追求者很多，她喜欢和那些酷酷帅帅的男人约会，这让埃隆很难过。埃隆·马斯克也曾经追求过其他女孩，不过，最后他总是会回到贾斯汀·威尔逊的身边。

但他们之间的矛盾在他们的相处模式中已经有所显现。无论什么时候，只要贾斯汀·威尔逊态度冷淡，埃隆·马斯克就会向她施加压力。他总是不停地给贾斯汀·威尔逊打电话，他希望贾斯汀·威尔逊完完全全地属于他一个人。

第三章

第一次创业，在互联网上掘金

第一节
从退学开始的创业之路

退学创业，是很多成功的创业者都曾经上演过的戏码。“出名要趁早”，这句话放在创业上也同样适用。

微软创始人比尔·盖茨大概是最出名的辍学生了，1973 年，比尔·盖茨以 1590 分（满分为 1600 分）的高分考入了哈佛大学法律系，他原本应该在 1977 年毕业，然而在读大学三年级的时候，他突然做出了一个令人震惊的决定：辍学创业！比尔·盖茨和自己的老朋友保罗·埃隆一起合伙成立了一家电脑公司，这家公司后来发展成为世界软件巨头，也就是如今的微软公司，而比尔·盖茨本人也成为商业领域举足轻重的大佬级人物。

Facebook 的创始人马克·扎克伯格也是一位众所周知的退学天才。在哈佛大学，马克·扎克伯格主修的是心理学，但他对电脑和编程的痴迷远远超过了对自己的专业的热爱。为了有充足的时间和精力完成自己想要做的事情，马克·扎克伯格选择了退学，专心致力于 Facebook 网站的开发，后来，Facebook 成为世界上最大的社交网站。

这一幕也发生在了埃隆·马斯克身上，他在斯坦福大学只读了两天，就做出了退学的决定，开始了自己在互联网领域的创业历程。

1995 年年初，在以优异的成绩拿到了宾夕法尼亚大学的双学士学位之后，埃隆·马斯克考入了斯坦福大学，打算继续攻读应用物理博士，并且选择了电动车的储能技术作为自己的研究目标。

在那年秋天开学之前，埃隆·马斯克就来到了斯坦福大学所在的帕拉阿图市，这是一个风景秀丽的小城，靠近世界著名高科技园区硅谷。埃隆·马斯克想在开学前先找一份工作实习一下。

当时的互联网作为一个新生事物，正在蓬勃发展中。1995 年正是为接下来的互联网世纪揭开序幕的一年。这一年，一家知名报刊的专栏曾经断言："这是网络开始改变生活的一年。"也正是这一年，埃隆·马斯克决定到这个自己一直看好的领域试试水。于是，他满怀信心地到当时如日中天的网景公司应聘。

在那个年代的互联网领域，说起关注度和创造财富这两点，没有任何一家公司能比得上网景公司。网景公司是一家位于硅谷的初创公司，它推出了被称之为"网景领航员"的网络浏览器产品，这个软件一推出，马上获得了巨大成功，吸引了数以百万计的新网民。网景的成功和它的联合创始人——马克·安德森有着密切的关系，他的创业故事，是硅谷创业的一个经典案例。

马克·安德森出生于威斯康辛州的一个小镇，后来就读于伊利诺伊大学，主修计算机专业。1993 年，当他在学校的国家超级计算机应用中心兼职时，他与其他的几位程序员同事一起，在地下室工作了一个多月，敲下了九千多行程序代码，开发出了 Mosaic 浏览器，这是网景领航员的前身。Mosaic 浏览器通过点击访问的方式，使原先晦涩难懂的万维网得以通过相对简单的方式呈现。

从伊利诺伊大学毕业之后，马克·安德森来到了硅谷，成立了一家以 Mosaic 为名的新公司，并以 Mosaic 为 基础，开发更好的浏览器。然而，他的这一做法遭到了伊利诺伊大学的反对，他们认为 Mosaic 浏览器应该属于学校，也不同意出售它，最终，在经历了与伊利诺伊大学关于专利权方面的法律诉讼之后，马克·安德森更改了公司及产品名称，也就是人们后来熟知的网景。

网景的上市,是互联网领域的一个标志性事件。上市当天，网景的股价从 28 美元上涨到 75 美元，创造了一个令人惊讶的奇迹。

风口浪尖之上的网景，深深地吸引了埃隆·马斯克。但尽管他对自己充满信心，却未能通过网景的面试，面试官给出的解释是他缺乏资历。

未能得到网景的录用，令埃隆·马斯克有些沮丧。不过，用不了多久，他就调整好心态，在硅谷找了几份实习生的工作。

那时的他同时干着好几份工作。白天的时候，他在位于洛斯加托斯的品尼高研究所实习。这家公司是一家创业公司，当时风头正劲，媒体对它大肆吹捧，仿佛它正在创造一个商业奇迹。这里的一群科学家正在研制超级电容器，可以作为电动车和混合动力汽车的革命性燃料来源。这正是埃隆·马斯克的兴趣所在。这份工作使他对超级电容器的认识发生了改变，他开始大谈特谈怎么用超级电容器制作电影《星球大战》中的那些激光手臂，以及怎样将这种技术应用在其他电影中。在他的构想中，这些激光枪可以释放巨大的能量波，枪手可以在枪的底部更换超级电容器，就像更换弹匣一样，然后继续发起攻击。不仅如此，超级电容器在未来也有可能给导弹提供能量。发射导弹的时候会产生机械压力，在这种情况下，超级电容器比电池更加稳定，可以长时间稳定地储存电荷……埃隆·马斯克不只想象，还以超级电容器为基础，在品尼高研究所进行了一系列商业试验，这份工作对他来说实在是再适合不过了。

晚上，埃隆·马斯克又马不停蹄地来到帕洛阿尔托的火箭科学游戏公司。这家公司同样是一家创业公司，他们宣称自己的目标是打造世界上最先进的视频游戏，并用光盘代替卡带，这样就能存储更多的信息。埃隆·马斯克在火箭科学游戏公司的工作是写一些驱动程序，使手柄和鼠标适用于各种计算机及游戏。

编程并不是一件轻而易举的事，需要耗费大量的脑力。但埃隆·马斯克却乐此不疲。虽然在编程方面他是自学成才的，并没有经过系统训练，但他却以自己出色的编程能力为傲，并热衷于学习。一开始，公司指派了一个“师傅”来带他，但没过多久，他就不再需要别人的指导，开始独立做自己想做的任何项目。于是，公司安排他做一些难度更大的工作，为了提高工作效率，埃隆·马斯克尝试着寻找执行多重任务的方法，他经常同时做着多个工作，比如一边从光盘读取视频资料，一边运行游戏。

在火箭科学游戏公司的这段实习经历，让埃隆·马斯克从人才和文化的角度感受到了硅谷的创业精神。在这家公司里，一天二十四小时都有人在工作，埃隆·马斯克下午五点钟来到公司的时候，总会看到里面人来人往，就像刚开始上班一样。

正是身受硅谷精神的感染，埃隆·马斯克决定自己创业，做互联网浪潮的弄潮儿。

对埃隆·马斯克来说，退学创业似乎是一件水到渠成的事，但同时他也给自己留了一条后路。他向自己导师坦白了创业的想法，并问导师：如果不成功，能不能回来继续上学？导师毫不犹豫地回答说：当然没问题。

于是，埃隆·马斯克暂停了学业，走上了创业之路。那时，斯坦福大学刚开学两天。

智者在发现良机时，从来不会因为害怕放弃现有的一切而让它从自己眼前悄悄溜走。与那一张文凭相比，他们更希望通过能力和行动来证明自己。比尔·盖茨如是，马克·扎克伯格如是，埃隆·马斯克亦如是。事实上，在走上创业之路后，埃隆·马斯克只需要资本来实现自己的互联网梦想，因为这时，聪明如他，已经对互联网的发展前景了如指掌。

第二节
兄弟携手，创立“Zip2”

从斯坦福大学退学之后，埃隆·马斯克与弟弟金巴尔·马斯克一同创办了在线内容出版软件制作公司“Zip2”，凭借着这次创业，埃隆·马斯克挖到了自己人生中的第一桶金。

2014 年，埃隆·马斯克在南加州大学毕业典礼上演讲时，曾经提到过自己的第一次创业经历：“当我弟弟和我一起创立 Zip2 的时候，我们没有购置任何房产作为工作的地方，反而在一间又小又普通的办公室里开始我们的事业，我们大部分时间都花费在那个小小的沙发上。我们互相讨论想法，当时我们只有一台电脑，白天需要用电脑运营网页，编码只能在晚上进行。我们每周 7 天每天 24 个小时几乎都在工作。当时我有一个女朋友，她为了跟我在一起不得不睡在办公室的沙发上。如果你要快速成立自己的公司，努力工作是必须的。你自己做一个很简单的数学计算，别人工作 50 个小时，但是你工作 100 个小时，你会比别人多干掉两倍的工作。”

正如埃隆·马斯克所言，创业的历程的确艰辛无比。事实上，埃隆·马斯克第一次产生创业的念头，是在 1994 年。那年夏天，他和弟弟金巴尔·马斯克决定趁着暑假来一场横跨美国的旅行。就是在这场旅行中，两个人第一次谈论起了创业的想法，并不谋而合。

金巴尔·马斯克跟着母亲来到加拿大后，就走上了经商之路。到 1994 年，他已经成为一家专业画室的承销商，并且经营情况很好，算是小型企业中的佼佼者。他用自己赚来的钱，再加上埃隆·马斯克的一部分钱，买了一辆宝马汽车。兄弟两个人开着这辆汽车，像他们的外祖父一样，开始了自己的旅行。

一路上，他们尽情地享受着美丽的自然风光，有时嬉笑打闹，玩得不亦乐乎。不过，有时他们也会安静下来，聊一些与未来有关的事情。兄弟两个同时提到了对互联网的兴趣，并商量着成立一家公司，利用互联网来做一些事情。从加利福尼亚到科罗拉多，再到怀俄明、南达科他和伊利诺伊，埃隆·马斯克和弟弟一边轮流开车，一边进行头脑风暴，看看有什么好点子。

虽然他们想了无数个点子，但实际上可行的并不多。最好的一个点子是建立一个医疗行业的信息交流系统，方便医生交换信息和共同协作。但旅行结束之后，他们就对这个点子不感兴趣了，因此最终也没有实施。

在硅谷实习的时候，埃隆·马斯克的创业项目终于有了头绪。有一天，一个推销员敲开了他们办公室的大门，向他们推销黄页。这位推销员向埃隆·马斯克和他的同事们介绍网络分类的好处，并说这可以有效地取代如同百科全书一样厚重的传统黄页。虽然他的描述干巴巴的并不吸引人，他对互联网的了解也很肤浅，更不懂得怎样利用互联网来从事商业活动，但埃隆·马斯克却从他的话里提取到了一些有用的信息。

那天剩下的时间里，他一直在思考自己刚想出的好主意。下班之后，他迫不及待地找到了金巴尔·马斯克，把自己的想法告诉了他——他们可以帮助企业上网！

埃隆·马斯克的点子在当时看来有些异想天开。1995 年，美国遍地都是小企业，但知道互联网、知道如何使用互联网的小企业却少之又少。他们对怎么登录互联网一窍不通，更难以想象互联网能为他们的企业创造价值，甚至连像黄页一样把企业的相关信息上传到互联网的想法都没有。不过，在埃隆·马斯克看来，这恰恰是商机。

说干就干，接下来，他们就开始搭建一个叫作 Global Link 的信息网站，这个网站是 Zip2 的前身。

埃隆·马斯克和金巴尔·马斯克希望说服那些小饭店、服装公司、理发店等小企业，把他们的业务信息展示在 Zip2，这样，人们只要登录 Zip2，就知道它们的存在。Zip2 网站会给所有上传信息的企业单独创建一个可搜索的目录，并为它们生成相应的地图。通过这个地图，当人们想要寻找一个咖啡厅时，就可以知道离自己最近的咖啡厅在哪里，而且还能获取到到达那里的详细信息。

在如今看来，这个想法实在是稀松平常，现在人们已经习惯了通过地图或点评网站来搜索自己想去的饭店的电话、交通方式等，但在那个年代，只有像埃隆·马斯克这样充满想象力的人，才能想出这样的服务方式。

创业初期总是最艰难的，为了帮助他们度过这一阶段，埃罗尔·马斯克资助了他的两个儿子 28000 美元。这笔钱对埃隆·马斯克来说虽然杯水车薪，却如雪中送炭一般重要。他和弟弟用这笔钱在帕洛阿尔托的谢尔曼街 430 号租了一个面积很小的办公室，在付完房租之后，他们手中的钱就已经所剩无几了。

他们的办公室非常简陋，连最简单的家具都没有，为此，他们不得不用手头少得可怜的钱来添置家具。马桶经常坏掉，但他们不想把钱用在买马桶上，于是只能默默忍受着。

对 Zip2 来说，还有一样东西是必不可少的，那就是互联网。为了接入高速的互联网，埃隆·马斯克找到了互联网服务供应商雷·吉鲁阿尔。雷·吉鲁阿尔像他们一样，也是一个创业者，他的公司就在 Zip2 楼下，是一家互联网服务公司。埃隆·马斯克花了很大功夫在 Zip2 公司门旁边的石膏板上钻了一个洞，然后沿着楼梯将电缆接到了雷·吉鲁阿尔那里。

为了节约成本，Zip2 只雇佣了很少的员工，其中埃隆·马斯克和金巴尔·马斯克自己承担了大部分的工作——埃隆·马斯克独立编写出了后台的所有原始代码，而社交能力较强的金巴尔·马斯克则负责挨家挨户推销他们的网站。

还有一个难关需要埃隆·马斯克攻破，那就是获得企业数据库的访问许可证。在当时，这样的访问许可证都需要购买，并且价格不菲，这对捉襟见肘的埃隆·马斯克来说可不是一件轻而易举的事。

但埃隆·马斯克很快就想出了一个好办法——他用低廉的价格买到了一个湾区企业数据库的访问许可证，不过，这个数据库提供的信息很少，只能提供企业的名字和地址。为了获得更详尽的服务，埃隆·马斯克打电话给综合电子地图信息供应商 NAVTEQ，这家公司可以提供数字地图和导航服务。埃隆·马斯克说服他们把技术免费给 Zip2 使用，然后，他把两个数据库合并在一起，就这样，Zip2 最初的系统正式启动并运行起来了。

在最初几个月里，埃隆·马斯克和弟弟为了省钱，只能住在简陋的办公室里。他们有时睡在睡袋里，有时睡在沙发上，有时干脆睡在办公桌上。员工们早上来上班的时候，经常看到埃隆·马斯克还在睡觉。于是，他向员工提了一个要求：谁到了公司就把他踢醒，然后他再继续工作。

办公室里没有洗澡的地方，要洗澡时，他们就去附近的基督教青年会。他们的一日三餐都是在一家便宜的连锁快餐店解决的，这家快餐店二十四小时营业，这让他们不至于在熬了一夜后饿着肚子睡觉。那时的他们对生活品质已经没有什么要求了，有一次，金巴尔·马斯克在自己的饮料里发现了一些脏东西，但他只是把脏东西取了出来，接着面不改色地把饮料喝完。

随着 Zip2 的发展壮大，只靠金巴尔·马斯克来进行上门推销已经力所不及了。1995 年年底，埃隆·马斯克招聘了一批推销员，组建了 Zip2 的销售团队，金巴尔·马斯克成了这个团队的领导者。他把推销员们派到人流密集的斯坦福购物中心和大学路，让他们去向企业宣传互联网的优势，劝说那些小企业付费购买 Zip2 的服务，因为这样就能让他们公司的名字出现在搜索结果比较靠前的位置，让更多人看到。

但那些企业对他们的推销总是无动于衷，因为他们对

Zip2 的服务一无所知，谁愿意把钱花在自己根本不了解的地方上？通常，他们会让那些推销员们赶紧离开他们的店，不要耽误他们的生意。还有一些店主甚至劝说那些年轻的推销员去做其他的工作，不要当骗子。就这样，一周接一周，推销员们上门拜访，然后回到办公室，几乎很少会带回好消息。

有一个叫克雷格·莫尔的员工曾经成功地把 Zip2 推销给客户。他原本是一位房地产销售，后来加入了 Zip2。他把自己的推销对象锁定为汽车经销商，因为他们总是会花很多钱做广告。他向这些汽车经销商提到了 Zip2 的官方网站，并想方设法说服他们，希望使他们相信，如果他们与 Zip2 合作，他们的生意会更加红火。这一招有时会管用,但有时却令人失望，因为他们的网站运行速度经常慢得像蜗牛一样，那些汽车经销商可没有时间等着它刷新出来。于是，克雷格·莫尔只好改变套路，说服客户展望一下 Zip2 的前景和潜力。有一天，他带着客户付给他的支票回到了办公室，埃隆·马斯克得知了这个好消息后，从显示器后面探出半个身子，吃惊地说道："你竟然赚到钱了！这真是太不可思议了。"

埃隆·马斯克和弟弟的合作一向亲密无间，但有时他们之间也会发生分歧。矛盾严重时，他们甚至曾经在办公室里大打出手。有一次，他们在做商业决定的时候谁也无法说服谁，干脆打了一架，埃隆·马斯克的拳头不小心擦破了皮，只好去医院打破伤风针。

第三节
令人遗憾的“魔鬼交易”

在埃隆·马斯克兄弟的经营下，Zip2 的发展非常迅速，到了 1996 年年初，已经在信息服务领域崭露头角。这家新兴的网站引起了风险投资公司莫尔达维多夫的关注，他们对这两个致力于做互联网黄页的年轻人很感兴趣，于是就约见了埃隆·马斯克和金巴尔·马斯克。

虽然那时的埃隆·马斯克还不像现在那样已经练就了熟练的演讲技能，但他身上所表现出来的创业热情和才能却给投资人留下了深刻的印象。几乎不费吹灰之力，Zip2 就得到了莫尔达维多夫公司的 300 万美元投资。

这远远超出了埃隆·马斯克和金巴尔·马斯克的想象，在他们向莫尔达维多夫提交的商业计划书中，他们希望获得的投资额只有一万美元，占股 25%。所以，当他们听说 Zip2 最终得到了 300 万美元投资时，不由得惊呼起来，在他们看来，这笔交易实在是太划算了。

得到投资后的埃隆·马斯克终于摆脱了原先那种困窘的局面。他和弟弟在帕洛阿尔托剑桥路 390 号租了一个大办公室，并且开始大张旗鼓地发布招聘信息，希望更多有才华的工程师加入 Zip2，为 Zip2 注入新鲜血液。

吉姆·阿布拉斯就是在这一时期来到 Zip2 的，他当时担任的是 Zip2 的工程副总裁。吉姆·阿布拉斯是一位非常出色的人才，曾经先后服务于惠普实验室和硅图公司，硅图公司是一个生产高性能计算机系统、复杂数据管理及可视化产品的跨国公司，它制造的高端微型计算机"工作站"被用来为《侏罗纪公园》等好莱坞大片设计电脑特技，一度成为硅谷的明星企业之一。在当时，这家公司拥有一大批硅谷精英人才。但吉姆·阿布拉斯跳槽到 Zip2 之后，以高薪为诱饵，从硅图为 Zip2 挖来了一大批技术高超、才华横溢的工程师。忍无可忍的硅图公司给 Zip2 发来了一封信，信中说他们是"最会摘苹果的家伙"，埃隆·马斯克看了之后，哈哈大笑，觉得这实在是太棒了。

尽管埃隆·马斯克在编程方面可以算作一个天才，但他毕竟没有经过系统训练，在技术方面与这些新员工相比有些逊色。这些在硅谷曾经写过无数代码的精英人才，只略微扫了一眼 Zip2 的代码，就知道问题出在哪里，并决定重新编写软件的大部分内容。

对这些新员工的改动，埃隆·马斯克起初并不能接受，但当他看到这些优秀的计算机科学家只需要一小部分代码就可以完成目标，远远少于他自己编写的，他就知道，他们的做法是对的。专业的计算机科学家通常习惯于把软件项目划分成模块，从而可以对各个部分进行修改和细化。但自学成才的埃隆·马斯克却陷入了这一类程序员最容易陷入的“陷阱”中，写了很多被开发者称为“毛球”的代码——这些代码就像毛线球一样复杂、繁复，并且乱作一团，这导致程序在运行的时候很容易就会崩溃，却找不到导致其崩溃的原因是什么。

这些计算机科学家的到来，也改善了 Zip2 工程团队的工作结构,使每个项目所设定的最后期限都更加切实可行。过去，项目的最后期限都是由埃隆·马斯克设定的，他总是认为员工们可以像他一样二十四小时无休地工作，于是，在设定期限时总是尽可能紧迫，导致员工们不得不废寝忘食才能在预定期限内完成任务。事实上，在埃隆·马斯克看来需要一个小时完成的工作，员工们实际上需要一两天才能完成。而如果埃隆·马斯克说完成一项工作需要一天，那么员工们通常需要花上一两周才行。这常令员工们抱怨连天。

但尽管最终期限变得更加可行了，埃隆·马斯克仍然会严格要求并且直言不讳地鞭策年轻的工程师们疯狂工作。有一次，他们正在进行一场关于一个新产品——一个新的汽车网站的头脑风暴时，有位员工抱怨说以他们目前的能力是不可能实现这项技术变革的，埃隆·马斯克马上站了起来，说：“我想听的不是这些废话。”然后他拂袖而去。对他来说，这世界上没有什么事情是不可能的，他也希望他领导着的每个人都与他有着同样的信念。

埃隆·马斯克还调整了 Zip2 的商业策略。那时，Zip2 已经研发出了一套完整的商户目录系统，这套系统堪称当时互联网上最好的商户目录系统。但埃隆·马斯克并不满足于此，他希望继续完善这套系统，并将原本只集中于硅谷的服务拓展到整个美国。

为了实现这一点，埃隆·马斯克改变了过去挨家挨户上门推销的营销方式，而是带领研发团队开发了一个软件包，并将这个软件包卖给报业公司，报业公司可以利用这个软件包来创建自己的房地产商、汽车经销商和各种分类广告目录。这样，他们就可以不必投入资金和人力来研发技术，就能迅速地将业务接入到互联网中。这些过去曾经对 Zip2 嗤之以鼻的报业公司，如今已经意识到互联网中蕴含着怎样的商机，又会对他们的业务产生多么巨大的影响，于是主动向埃隆·马斯克伸出了橄榄枝。而在这个广阔又潜力巨大的领域，Zip2 可以获得更多的客户，并在覆盖全球的分类网络业务中分得一杯羹。

融资给 Zip2 带来的另一个改变是管理层的变动。风险投资人希望理查·索尔金担任公司的首席执行官。理查·索尔金曾经在创新实验室工作，这是一家音响设备制造商，他在公司里领导业务拓展团队，掌管面向互联网初创企业的诸多投资项目。Zip2 的投资人认为理查·索尔金拥有丰富的管理经验，并且对互联网有着深刻了解,是一个更为合适的人选。埃隆·马斯克虽然对此非常不满，但最终还是不得不同意了投资人的安排，将 Zip2 的控制权拱手让出，自己则担任首席技术官这一职位。

但对这一行为，埃隆·马斯克一直耿耿于怀。后来，他曾经向员工们抱怨，说自己接受莫尔达维多夫的投资，是做了一桩令人遗憾的“魔鬼交易”。

不过，在埃隆·马斯克压抑着自己的不满向投资人提出的一些要求妥协的同时，他也享受到了大量投资带来的额外收益——投资人帮助埃隆·马斯克和弟弟解决了签证问题，并且给他们每人三万美元，让他们可以各自买一辆新车。因为那时曾经陪伴埃隆·马斯克和金巴尔·马斯克横跨美国的宝马汽车已经破旧不堪，因此，新车让他们兴奋不已。

即使在这一时期，埃隆·马斯克的冒险也没有中断。为了加强团队建设，在一个阳光晴好的周末，他带着员工们骑自行车穿越位于圣克鲁斯山的萨拉托加峡谷。大部分骑手都接受过专业的培训，并很快就适应了恶劣的地形条件和炎热的天气。他们上山的速度非常快，只用了一个小时，第一名车手就到达了山顶，其他人紧随其后。但直到十五分钟后，埃隆·马斯克才气喘吁吁、大汗淋漓地赶了上来，虽然疲乏不堪，他最终还是像其他人一样成功登顶了。其实，他完全可以根据自己的体力来调整速度，换做其他人，早就放弃登顶了，或者推着自行车爬上去，但埃隆·马斯克却始终坚持着，对他来说，“放弃”在他的字典里根本就不存在。

“我们助力媒体”是 Zip2 的广告语，他们也的确做到了这一点。在新任首席执行官理查·索尔金的领导下，Zip2 在新闻领域获得了前所未有的成功。他们先后与美国各大报业如纽约时报集团、奈特里德报业集团、赫斯特报业集团以及其他一些媒体就相关服务达成了协议。其中一些公司还为 Zip2 提供了高达五千万美元的额外资金。

随着资金源源不断地涌入，Zip2 的发展速度越来越迅猛，版图也不断扩张。员工越来越多，公司总部开始变得拥挤不堪，办公桌甚至被放到了卫生间门口。1997 年，Zip2 离开了帕洛阿尔托剑桥路 390 号，搬进了位于山景城卡斯特罗大街 444 号的一处更宽敞、装潢更好的办公区。

不过，看到 Zip2 逐渐成为一家在线内容出版软件制作公司，埃隆·马斯克的心头并没有多少喜悦。他一直希望 Zip2 能直接向消费者提供有趣的服务，把它变成一个面向消费者的目标市场，并且还希望把域名 city.com 购买下来。不过，理查·索尔金和董事会的想法显然与他背道而驰。他们一直保持着保守的态度，并且在报业公司的资金诱惑下，变得越来越保守，对埃隆·马斯克的以消费者为导向的商业策略不但不认同，还有些惧怕。

他们之间的分歧越来越大，到 1998 年春天，这种分歧终于发展到了无可挽回的地步。这年 4 月，Zip2 突然宣布了一项令人惊讶的交易信息——它将投入三亿美元的巨资，兼并其主要竞争对手“城市搜索”（CitySearch，美国本地搜索服务商），合并后新公司将保留 CitySearch 这个名字，并由理查·索尔金主持工作。

从表面上来看，这两家公司的兼并似乎是一次平等的强强联合。CitySearch 已经建立了一套足以覆盖美国各个城市的广泛分类目录，而且它有一支非常强大的销售和营销团队，与 Zip2 的天才工程师们恰好可以优势互补。

消息很快就通过各大媒体扩散开来，似乎兼并已经是板上钉钉的事了。

但接下来的形势发展却令人惊讶。为了完成兼并，两家公司需要互相检查对方的人员配置情况，并确定需要辞退的员工，从而避免人员冗余、岗位重复。在这个过程中，很多问题浮现出来——CitySearch 的财务状况已经恶化，而 Zip2 的一些高层管理者则心怀不满，因为他们在新公司的职位明显被降级了，有些甚至遭到了裁员。

在这种情况下，Zip2 内部有一派人开始动摇，他们认为应该放弃这次兼并，但理查·索尔金却不为所动，始终坚定地推进着这项工作。最初，埃隆·马斯克是支持兼并的，但后来，他在深思熟虑之后，还是决定站到反对派这一边。

反对的声音越来越大，这个兼并计划最终以流产而告终。这时，埃隆·马斯克向董事会提出，理查·索尔金在这一过程中有失职表现，应该予以罢免，由自己来重新担任 Zip2 的首席执行官。董事会虽然罢免了理查·索尔金，却拒绝了埃隆·马斯克的主动请缨，任命莫尔达维多夫投资公司的风险投资家德里克·普罗蒂昂为 Zip2 的新一任首席执行官。不但如此，他们还剥夺了埃隆·马斯克的董事会主席职位。

这时，埃隆·马斯克发现，自己事实上已经被踢出了 Zip2 的核心管理层，对此，他极其不满，不断地指责理查·索尔金和董事会。德里克·普罗蒂昂却给出了这样的回复："这是你组建的第一家公司，我们可以找到一个买家，赚一些钱，这样你就可以创建你的第二、第三和第四家公司。"

兼并计划的破产使 Zip2 陷入了前所未有的困境之中，公司不但不再盈利，反而一再亏损。埃隆·马斯克再次提出走消费者的路线，但普罗蒂昂担心这种策略会占用过多的资金，坚决不同意。

此时的 Zip2 面临的危机不止于此，还有微软对这一市场的大举进攻和其他在测绘、房地产和汽车领域有想法的创业公司的成倍增加。Zip2 的工程师们开始失去信心，担心他们无法在这场激烈的竞争中取得胜利。一时间，可谓军心涣散。

1999 年 2 月，正当 Zip2 在危机中挣扎时，个人计算机制造商康柏突然表示愿意出资 3.07 亿美元现金收购 Zip2。Zip2 的董事会权衡再三后，决定接受康柏的收购要约。

这次交易使莫尔达维多夫公司获得了高达二十倍的投资回报，而埃隆 · 马斯克则得到了 2200 万美元，这是他挖到的第一桶金。

虽然埃隆 · 马斯克可以选择继续留在 Zip2，但当他得知公司被收购已经成为定局时，就已经把心思投入到下一个项目上了。他从来都不满足于现有的成就，对他来说，创业是一种享受，不过，这一次，他至少学到了非常重要的一课：要把公司的控制权牢牢地掌握在自己手里，就像人永远要把握自己的命运一样。

第四章

PayPal诞生，缔造支付帝国

第一节
组建X.com，涉足金融领域

通过出售 Zip2，埃隆·马斯克挖到了自己人生的第一桶金。坐拥 2200 万美元资产，使他在一夜之间摇身一变，成为一个人人艳羡的千万富翁。那一年，他只有 28 岁。

很多人都以为，在经历了艰辛的创业历程后，埃隆·马斯克会趁着这机会好好休息一番，甚至大肆挥霍，过奢华的生活。埃隆·马斯克的确给了自己一些奖励。他从与三个室友同住的宿舍搬了出来，购买了一套面积很大、装饰一新的公寓，这让他的生活质量得到了极大改善。他像他的外祖父一样，买了一架小型螺旋桨飞机，并开始学习开飞机。因为酷爱跑车，他还买了当时世界上最贵的跑车——一辆价值 100 万美元的迈凯伦 F1 跑车。CNN 的记者专门来到他的新公寓前，拍摄这位千万富翁交付跑车的那一刻。一辆黑色的 18 轮平板卡车停在他家门口，将一辆帅气的银色迈凯伦卸下并停放在大街上。而埃隆·马斯克则双手抱胸站在那里，脸上一副目瞪口呆的表情。“全世界仅有 62 辆迈凯伦，而我拥有其中的一辆，”他兴奋地告诉 CNN 的记者，“哇，我真的不敢相信它就在我的眼前。这太疯狂了，伙计。”

但也仅此而已。

埃隆・马斯克并没有因此而停下脚步。他不喜欢闲着，对他来说，什么都不做，无异于是在浪费生命。与其他优秀的成功者一样，只有持续工作和不断创造新奇迹，才能使他保持最佳状态。

因此，早在收购 Zip2 的事尘埃落定之前，埃隆・马斯克就已经开始在互联网领域寻找新的机会，开始了自己的下一次冒险。

埃隆・马斯克希望找到一块从来都没有人动过的“奶酪”。他将自己的目光锁定在资金充裕并且效率低下、可以为他和互联网所用的行业。

这时，他忽然想起了自己在加拿大读大学时在新斯科舍银行打工的经历，这段经历给他留下了一个深刻的印象：银行家虽然富有，但是却通常愚不可及。

当时，他在银行的战略部就职，上司让他查看公司在第三世界的债务组合。银行把这种债务叫作“不发达国家债务”，很多不发达国家都曾经有过拖欠很多年的未履行债务，这使得银行不得不减记债务价值。埃隆・马斯克的上司希望他深入了解银行所持有的这些债权，并学着判断这些债务的真实价值。

对埃隆・马斯克来说，这是一个不可多得的学习机会，因此，他非常认真地执行上司的要求。就在这个过程中，他敏锐地捕捉到了一个商机。美国政府曾经尝试着通过发行布雷迪债券，为巴西和阿根廷这类国家的债务做担保，从而帮助一些发展中国家减轻债务负担。埃隆·马斯克对这些担保债权的价值进行了估量，发现它们的估量价值与实际交易价格相差甚远——价值为 50 美分的债权，在实际交易中只花 25 美分就能买到。

这个无意中的发现令埃隆·马斯克兴奋不已，不过为了保险起见，他还是抑制住自己激动的心情，先打电话给证券市场上的主要交易商高盛，想验证一下事实是否的确如此。

在电话中，他问价格为 25 美分的巴西债权有多少。对方没有正面回答，却反问道："你想要多少？"埃隆·马斯克随口说了一个天文数字——100 亿美元，没想到，对方竟然确认这个交易是可行的！

挂断电话后，埃隆·马斯克激动得简直要跳起来。这实在是太疯狂了，通过购买这些担保债权，银行轻而易举就能赚到一倍的钱，而且不用承担什么风险，美国政府担保了一切！

埃隆·马斯克感到自己一鸣惊人的机会终于到了，并且，他还有可能趁这个机会好好地赚上一笔。他风一般冲进了上司的办公室，把自己的这个惊人发现告诉了他。上司要求他写一份报告，以便向公司的领导层汇报。

埃隆·马斯克精心撰写的报告很快就送到了银行首席执行官手里，但令人意外的是，他竟然毫不犹豫地否决了这个提议。因为巴西和阿根廷的债务已经把银行搞得焦头烂额，他实在不想再去蹚这趟浑水了。

埃隆·马斯克不死心，一再劝说银行高层：美国政府是这些债务的担保者，即使巴西和阿根廷像以往一样拖欠债务甚至拒不偿还，还有美国政府帮着收拾烂摊子，银行是不会有什么损失的。

但任凭他费尽了三寸不烂之舌，他的这个提议最终还是未能得到通过。后来他曾经略带讽刺地感慨道："这反倒给了我自信。所有的银行家都在做着与其他所有人一样的事情。如果其他人去跳崖，这些人也会毫不犹豫地跟着去跳崖。如果房间中央有一大堆黄金没有人去捡，这些人也不会去捡。"

正是基于这一点，他认为，金融行业蕴藏着难以估量的机会。在这之后的几年里，他还产生了一个在别人看来不可思议的想法——开设网络银行。那时，虽然社交网络、早期博客以及在线娱乐都已经发展得如火如荼，但互联网金融服务却少之又少。而在埃隆·马斯克看来，大部分流通货币与网络上的数据无异，所以从理论上来说，在网络上进行货币交易是可行的，而且相比现实中的货币交易更加轻松。

1995 年在品尼高研究所实习的时候，埃隆·马斯克曾经与同事们讨论过自己的这个点子。他自信满满地向那些严谨的工程师们做了精彩的演讲，并得出了一个结论——传统金融业向互联网金融转变终将成为一种不可逆转的趋势。

工程师们并不认同埃隆·马斯克的观点，他们七嘴八舌地驳斥他，在他们看来，互联网金融的最大问题是安全存在隐患，只要这个问题得不到解决，消费者就不会也不敢尝试这种服务。但埃隆·马斯克显然不会被轻易说服，他坚持认为，金融业与互联网的结合势在必行，这种升级改造是必要的，也是有意义的。并且，他还相信自己能用很小的投资就能对银行业产生深刻的影响。

在当时来看，埃隆·马斯克的想法的确是超前的。虽然现在人们已经习惯了利用网络银行来进行交易，但在那个年代，人们还只愿意在网上买书，要让他们把自己的账务信息暴露在网上，是很难接受的。

但埃隆·马斯克却始终坚持己见。他的设想是将大众的金融服务需求都集中到一个在线银行网站上，这个网站不但能为用户提供储蓄账户和支票账户服务，也从事经纪服务和保险业务。从技术上来说，建立一个这样的在线银行网站是可行的。不过，尽管如此，要从无到有建立一家网络银行仍然是一件非常棘手的事情，而在大多数人看来，这根本是一项不可能完成的任务。尤其是在与财产有关的事情上，人们总是最为谨慎。一旦这个在线银行网站出现什么差池，后果将会不堪设想。

埃隆·马斯克并没有因此望而却步。事实上，早在将 Zip2 卖掉之前，他就已经开始按部就班地实施自己的这个计划了。他先是为自己的新公司物色人才，为此，他曾经试探着问过公司里的一些最优秀的工程师,看谁愿意加入他的队伍中。他还向自己在新斯科舍银行工作时的同事征求意见，希望得到他们的好建议，从而优化自己的计划。

1999 年 3 月,在线金融支付公司 X.com 正式成立,埃隆·马斯克向互联网金融行业的进军终于吹响了号角。

第二节
哈里斯·弗里克的“政变”

创立 X.com 几乎耗尽了埃隆·马斯克通过出售 Zip2 所得的所有钱，尽管硅谷是一个向来盛产传奇的地方，任何离经叛道的行为在这里都不算稀奇，但像埃隆·马斯克这样将巨额财富投入到在线金融这种看起来并不靠谱的项目中还是非常罕见的。

但这正是埃隆·马斯克的独到之处。只要他认准了一个目标，就会破釜沉舟、全力以赴，不给自己留任何后路。他知道自己这么做，可能会大获成功，也可能一无所有，但他从来不惮于冒任何风险。

在创立 Zip2 时，埃隆·马斯克希望它能为人们提供切切实实的服务，但他对 X.com 的期望却完全不同。埃隆·马斯克第一次涉足这样一个财大气粗又错综复杂的行业，他希望 X.com 的横空出世，能够在这个行业掀起一场变革，甚至彻底颠覆这个行业。

虽然他对金融行业所知甚少，但这并不会令他感到胆怯和迷茫。第一次创业的成功使埃隆·马斯克的自信上升到了前所未有的程度，他的野心也不断膨胀。那时他已经认定：那些古板、守旧的银行家们尽管在金融领域摸爬滚打了许多年，但他们所做的事情都是错的，他完全能够比其他人做得更好。埃隆·马斯克的确有充足的实力支撑自己的野心和自信，但人无完人，此时，他身上的一些弱点也开始显现出来，比如过于强势、苛刻。

为了使 X.com 能够在最短的时间里驶上快车道，埃隆·马斯克组建了一个精英团队。何艾迪是埃隆·马斯克在 Zip2 时的得力干将，工作能力出众，曾经为 Zip2 立下汗马功劳。哈里斯·弗里克和克里斯托弗·佩恩是两个加拿大人，他们都有丰富的金融行业从业经验。哈里斯·弗里克还是埃隆·马斯克在新斯科舍银行实习时的同事,那时他们就结下了深厚的友谊。作为一个罗德奖学金获得者，哈里斯·弗里克为埃隆·马斯克带来了 X.com 最需要的银行领域专业知识。而且，克里斯托弗·佩恩也是出于对哈里斯·弗里克的信任才来到 X.com 的，他是哈里斯·弗里克在加拿大金融界的老朋友。

埃隆·马斯克、哈里斯·弗里克、克里斯托弗·佩恩和何艾迪可以算作 X.com 的联合创始人，埃隆·马斯克因为巨额的前期投资而位列公司第一大股东。与当时硅谷的大多数创业公司一样，几个创始人先租了一个简陋的办公室，在里面进行了无休止的头脑风暴之后，才搬到位于帕洛阿尔托大学路 394 号一处相对比较像样的办公场所。

最初的一段时间里，几个创始人几乎只做一件事：讨论、讨论、继续讨论。在他们看来，银行业已经远远落后于时代，他们为竟然还有人要去银行办业务而惊讶不已。他们认为 X.com 的前景无限美好，然而，现实却不断地给他们泼冷水。他们制订的创业计划越来越详细、越来越缜密，但在这个过程中，他们越发认识到网络银行的监管问题是多么棘手。一晃四五个月的时间过去，他们仍然在发现问题、讨论问题，却迟迟无法进入到解决问题的阶段，这让埃隆·马斯克头疼不已。

更令他头疼的是几个创始人之间的罅隙越来越大。因为第一次创业的成功，埃隆·马斯克备受媒体的追捧，在他们看来，这位年轻的创业者已经成为硅谷一颗冉冉升起的超级巨星。埃隆·马斯克很享受媒体的关注，但哈里斯·弗里克对此却有些不安。

哈里斯·弗里克之所以放弃了自己在加拿大的一切，历尽艰辛移民到美国创立 X.com，是希望在硅谷这片热土上成就一番事业，成为一名银行家。他不希望埃隆·马斯克频频在镜头前亮相，因为他与埃隆·马斯克在理念上存在着很大的分歧，他认为埃隆·马斯克在媒体上所说的关于反思整个银行系统的言论不切实际、愚蠢至极，因为公司当时举步维艰，他说的一切还只是镜花水月。在他看来，埃隆·马斯克的这些言论不但不利于 X.com 的发展，还有可能彻底毁了 X.com。

埃隆·马斯克与哈里斯·弗里克之间的分歧越来越大，没过多久，矛盾就彻底爆发了。在 X.com 成立仅仅 5 个月后，哈里斯·弗里克忍无可忍地发动了一场“政变”。他给了埃隆·马斯克两个选择：要么让他来担任首席执行官，他将以传统的方式来管理 X.com；要么他就会把公司里的每个人都带走，然后成立一家属于自己的公司。

埃隆·马斯克认为哈里斯·弗里克是在要挟自己，他从不会因此而妥协。他对哈里斯·弗里克说：“你赶紧去成立你的新公司去吧！”

于是，哈里斯·弗里克真的这样做了，并且带走了公司里的大部分员工。

埃隆·马斯克找到了何艾迪和其他核心工程师，希望他们能留下来。但他的劝说是徒劳的，他们选择与哈里斯·弗里克一起离开。

这对埃隆·马斯克来说，无异于釜底抽薪，这样一来，X.com 就只剩下公司的外壳和少数几位忠心的雇员了。

其实，埃隆·马斯克原本可以利用法律手段来阻止哈里斯·弗里克创建与 X.com 类似的公司，但他并没有这样做，他认为，哈里斯·弗里克的公司并不足以对 X.com 造成威胁。

一切尘埃落定之后，埃隆·马斯克静静地坐在办公室里，看了看留下来的人，对他们说道：“看来我们需要重新招聘一些人了。”

埃隆·马斯克很快就行动起来，开始在硅谷四处搜罗人才。他对未来网络银行的激情演讲在这时发挥了作用，为 X.com 吸引了不少才华横溢、激情满怀的工程师。随着越来越多的工程师加盟，公司的前景也变得越来越清晰。

在埃隆·马斯克的领导下，X.com 重新走上了正轨。他们获得了银行牌照和共同基金许可证，并和巴克莱银行达成了战略合作伙伴关系。1999 年 11 月，X.com 的小型软件开发团队创建了世界上第一家网上银行，不但由联邦存款保险公司为银行账户提供担保，还有三个共同基金供投资人选择。为了确保这家网上银行性能稳定，埃隆·马斯克从自己的私人账户里拿出了十万美元供工程师进行性能测试。1999 年感恩节前一天晚上，X.com 正式向公众开放。为了确保一切毫无差错，埃隆·马斯克一直在公司里待了四十八个小时，连感恩节都是在办公室里度过的。

第三节
与Confinity的角力与合并

埃隆·马斯克引领着 X.com 尝试了一些在当时看来比较前卫的银行理念，比如，X.com 开发了一个人间支付系统，只需在网站上输入对方的电子邮箱地址，就可以转账给他们。为了推广这项服务，埃隆·马斯克还想了一个妙招：客户只要注册该服务，就可以收到 20 美元的返现，如果将这个服务成功地推荐给朋友，还能额外收到 10 美元的回馈。

这项革命性的创新，出乎意料地受到了很多人的欢迎，刚一推出，就有 20 万人在 X.com 上注册了账户。

但提供这项服务的不只 X.com，有一家叫作 Confinity 的公司成为了埃隆·马斯克的竞争对手。

Confinity 的创始人是马科斯·拉夫琴，他的人生轨迹与埃隆·马斯克很像，只不过他是从乌克兰来美国追求梦想的。

马科斯·拉夫琴比埃隆·马斯克小，1975 年他出生在当时属于苏联的乌克兰，一直过着平淡的生活。然而，谁也未曾想到，十一年后，也就是 1986 年，距离马科斯·拉夫琴家只有一百公里的切尔诺贝利核电站竟然发生了一场前所未有的爆炸事故，马科斯·拉夫琴的人生也因此发生了彻底的改变。

马科斯·拉夫琴的母亲是一位物理学家，在政府部门工作，当她了解到这次爆炸事故的严重性和危险性之后，决定带着全家逃离乌克兰。于是，在一位亲戚的帮助下，马科斯·拉夫琴与家人们一起移民到了美国。

初到美国时，他们身上所有的钱加起来只有七百美元。为了养家糊口，马科斯·拉夫琴的父母每天从早到晚辛苦工作。马科斯·拉夫琴也想方设法省钱。那时，他经常到垃圾场去转悠，有一次他在垃圾场里捡到了一台别人丢弃的黑白电视机，回到家后，他把电视修理好了并用它来看美国的电视节目，他的英语就是这么学会的。家里的经济稍有好转后，父母给他买了一台二手电脑，马科斯·拉夫琴如获至宝。他很快就学会了编程，那时他对加密技术就非常感兴趣。

后来，马科斯·拉夫琴考进了伊利诺伊大学的厄巴那—香槟分校。伊利诺伊大学也是网景公司创始人马克·安德森的母校，马科斯·拉夫琴深受他的故事的鼓舞，在这个创业偶像的激励下，他打定主意以后要靠软件技术为生。

大学时代，马科斯·拉夫琴就开始经商，并成功创办了三家投资公司，其中的一家公司还被微软用十万美元收购了。毕业后，他像埃隆·马斯克一样，来到了创业者的天堂硅谷，还利用业余时间到斯坦福大学学习关于经济全球化的课程。

在斯坦福大学，马科斯·拉夫琴遇到了彼得·泰尔。彼得·泰尔是国际象棋界的一位知名人物，他出生在德国，成长于美国加利福尼亚州。彼得·泰尔对数字有着很强的感知力，因在斯坦福大学创办了刊物《斯坦福评论》而广受人们的关注。从斯坦福大学法学院毕业之后，他就到证券公司找了一份金融衍生品交易员的工作，并被聘请为斯坦福大学的特聘讲师。

马科斯·拉夫琴想把加密技术应用到商业活动中，彼得·泰尔与他不谋而合，于是，两个人一起创立了 Confinity。Confinity 致力于为当时的 Palm Pilot 系统开发加密程序，以让用户之间实现象征性付款。这款程序还有一个名为 PayPal 的姐妹网站，用户可以通过这个网站对交易款项进行对账。

他们与埃隆·马斯克第一次产生交集是在创业初期。那时，他们向 X.com 租了一间杂物间，并把它粉刷一新，作为 Confinity 的办公室。在这里蜗居了一段时间后，他们把公司搬到了沿街的一间办公室里。

两家公司之间的业务如此重合，这使得他们的竞争越来越白热化。为了能在产品性能上超越对方，并吸引更多的用户，他们之间展开了一场旷日持久的比拼，谁也不肯服输。

在这场竞赛中，埃隆·马斯克的商业头脑和敏捷思维得到了淋漓尽致的展现。他不断地制订新的计划，不断地打击 Confinity 在 eBay 等拍卖网站上建立起来的优势。在他的带领下，X.com 的员工们雷厉风行且不择手段地执行这些计划。他们每天废寝忘食地工作，有人曾经戏称："我们每天工作 20 个小时，而埃隆·马斯克工作 23 个小时。"

2000 年 3 月，两家公司角力的状况终于得到了扭转，埃隆·马斯克和马科斯·拉夫琴决定将 X.com 与 Confinity 合并。埃隆·马斯克看好了 Confinity 所拥有的最热门的互联网产品

PayPal，但 PayPal 因为每天要投入数十万美元去奖励新用户，而缺乏资金维持运营。而 X.com 却拥有充足的资金储备以及更加成熟的银行产品。合并之后，两家公司恰好可以补足短处、优势互补。

在埃隆·马斯克的主导下，合并紧锣密鼓地进行着，很快就完成了所有手续。合并后的新公司先是沿用了 X.com 的名字，后来则被改为 PayPal。埃隆·马斯克占有新公司最大的股份份额，并担任董事长，彼得·泰尔则被任命为首席执行官。

两家公司的合并得到了资本市场的认可，这之后不久，X.com 就从德意志银行和高盛集团等投资人那里获得了一亿美元融资。

然而，新公司的发展并非一帆风顺，合并所导致的内部斗争很快就凸现出来。两个团队虽然合二为一，但是却都不认同彼此的理念。埃隆·马斯克继续维护 X.com 品牌，但大多数人却更偏爱 PayPal。在研发部门也出现了剑拔弩张乃至合作即将破裂的状态。马科斯·拉夫琴领导下的 Confinity 团队更喜欢诸如 Linux 等开源软件，而埃隆·马斯克则更倾向于使用微软的数据中心软件，认为它的效率更高。这两派形成了鲜明的对立，并且分歧越来越大、矛盾越来越深。

两个月后，彼得·泰尔宣布辞职，马科斯·拉夫琴也因为与埃隆·马斯克之间不可弥合的技术分歧，声称要离开 X.com。无奈之下，埃隆·马斯克只好自己担任首席执行官，勉力维持着这家支离破碎的公司。

第四节
被驱逐的创始人

埃隆·马斯克的商业天才从来都是毋庸置疑的，在经营X.com时，他还想出了病毒式营销的奇招——只要人们在网上进行钱款交易，就会被要求注册PayPal。通过这种营销方式，只用了一年的时间，PayPal的用户数量就达到了一百万。

然而，用户的激增却使X.com面临的技术问题日益暴露出来，并且越来越恶化。X.com的网站几乎每周都会崩溃，相关负责人要求工程师们用最短的时间设计一个新的系统，核心技术人员的精力因此被分散，这带来了严重的恶果——X.com在网络诈骗行为面前不堪一击，用户对PayPal的信任度越来越低。

这样的恶性循环导致X.com的亏损越来越严重，风险投资人开始质疑起X.com的盈利能力，并且，越来越多的人开始对埃隆·马斯克在面临危机时的决策能力产生怀疑。

恰在这时，埃隆·马斯克决定与妻子一起到奥运会主办城市悉尼看奥运会，并顺便度蜜月。

2000 年 1 月，埃隆·马斯克与贾斯汀·威尔逊终于结束了爱情长跑，走进了婚姻殿堂。

埃隆·马斯克与贾斯汀·威尔逊经历了多年的异地恋，在过去很长一段时间内，他繁忙的工作和他的室友使这段感情停滞不前。然而，出售 Zip2 后，埃隆·马斯克用赚来的钱买了一套属于自己的房子，并将更多的时间和心思花在了贾斯汀·威尔逊身上。

与许多恋爱多年的情侣一样，他们的感情分分合合、起起伏伏，却依然维系着。争吵时常发生在这对情侣之间，有时他们会因为贾斯汀·威尔逊接到前男友的电话而大吵几天。两人在 X.com 办公室附近散步的时候，发生了一次严重的争吵。这时，贾斯汀·威尔逊想起了他们曾经一起经历过的那些戏剧性的事情，她想，如果连这些都能忍受，为什么不结婚呢？于是，她告诉埃隆·马斯克，他不应该与她争吵，而应该向她求婚。

埃隆·马斯克愣住了，他花了好几分钟平复自己的心情，然后竟然真的求婚了，这让贾斯汀·威尔逊惊讶不已。几天之后，在那条小路上的同一个地方，埃隆·马斯克在贾斯汀·威尔逊面前像一名骑士一样单膝跪地，并送上了一枚戒指。

贾斯汀·威尔逊毫不犹豫地答应了埃隆·马斯克的求婚。她爱埃隆·马斯克，相信与他在一起的生活会很美好。但是，在他们的婚礼上，贾斯汀·威尔逊却发现了埃隆·马斯克的另一面。后来，贾斯汀·威尔逊在给《美丽佳人》杂志撰写的文章中描述道："在婚礼招待会上，我和埃隆共享舞曲的时候，他对我说，'这段感情中，我是主宰者'，当时我只是像之前签婚前协定那样，不以为意地耸耸肩，但随着时间的推移，我慢慢发现他说那句话时是很认真的。他成长于南非那种以男性为主导的文化背景中，竞争和征服的意志帮助他在商业领域获得了巨大的成功，即便回到家中，他也难以放下这种心智模式。这就导致了我们之间巨大的经济失衡。我们结婚后的几个月里，某种机制开始形成，并主导了我们的关系。埃隆总是以自己的判断来震慑我，不断地向我发难，指责我的不完善。'我是你的妻子啊！'我一次又一次地和他说，'我不是你的雇员。''如果你是我的雇员，'他也经常说，'我一定会把你炒掉。'"

不过，至少在 2000 年夏天，贾斯汀·威尔逊还沉浸在新婚的喜悦中。一天午后，他们在一起小憩，她将手臂环绕在埃隆·马斯克的胸膛上，觉得他简直就是自己的亚历山大大帝，并且只属于她一个人。她一直期待着与埃隆·马斯克一起共度蜜月，然而，因为埃隆·马斯克的工作太过繁忙，他们的蜜月旅行不断被推迟。2000 年 9 月，他们终于决定启动蜜月计划，目的地是遥远的悉尼。

然而，埃隆·马斯克并不知道，此时，一场针对他的"政变"正趁着这段时间在紧锣密鼓地进行着。

马科斯·拉夫琴趁埃隆不在公司，把原来在 Confinity 公司工作的人召集了起来，他们在一家叫作芬妮与亚历山大的酒吧里，密谋着如何推翻埃隆·马斯克。最终，他们决定怂恿董事会请彼得·泰尔回来继续担任首席执行官。

就在埃隆·马斯克和妻子登上飞往悉尼的飞机的那天晚上，以马科斯·拉夫琴为首的高层管理者向董事会递交了一封请愿书，要求董事会解除埃隆的职务。当然，他也没有忘记这样做的风险："如果我们的要求在董事会上没有通过的话，那我们就不得不离开公司。"

一些站在埃隆·马斯克这一边的员工察觉到情况不妙，马上给埃隆·马斯克打电话，但怎么也打不通，因为那时他正在飞机上。当飞机终于缓缓降落在悉尼机场的时候，埃隆·马斯克已经被彼得·泰尔取而代之了。

埃隆·马斯克得到这个令人震惊的消息后，马上搭乘下一班飞机回到了帕洛阿尔托。虽然蜜月计划因此而泡汤了，但贾斯汀·威尔逊毫无怨言，她支持埃隆·马斯克为自己而战。

埃隆·马斯克从自己创立的公司中被驱逐的经历，与苹果电脑创始人史蒂夫·乔布斯的故事如出一辙。乔布斯从小就满怀着创业的热情，二十岁的时候，他和几个朋友一起，在父母的车库里创立了苹果电脑公司。只用了十年的时间，苹果电脑公司就发展成为拥有四千多个员工、价值高达二十亿美元的高新企业。就当乔布斯正在为苹果公司的成就而感到自豪之时，一个噩耗却传到了他的耳边：他竟然被董事会炒了鱿鱼！

这是乔布斯人生中的第一个"大跟头"，他怎么也想不明白，一个人怎么可能会被自己所创立的公司开除呢？但无论他是否接受，这都是一个残酷的事实，有的时候，世界就是这么不公平。

这个"大跟头"给乔布斯带来的打击是毁灭性的。在后来的很长时间里，他都无法从这个挫折中走出来。在被开除的前几个月里，他每天都浑浑噩噩的，不知道要做些什么。他觉得自己让很多人失望了，当他遇到了惠普的领导者戴维·帕卡德时，他满怀歉疚地向这位前辈道歉，因为他觉得自己把事情给搞砸了，让他失望了。

在硅谷，乔布斯曾经是所有人羡慕的对象。但被解雇后，他却成了人尽皆知的失败者。他甚至想过要离开这个曾经给予自己无限风光的地方。

但他最终意识到，逃避不是解决问题的办法，也不可能使他摆脱失败者的阴影。在经过一番思索之后，他决定鼓足勇气面对残酷的事实，重新开始创业。

在接下来的几年时间里，他先后创立了两家公司，并且制作了轰动美国和整个世界的电影《玩具总动员》，这也是世界上第一部全电脑动画电影。随着这部电影火遍全球，他再一次成为著名的创业明星。

在再次创业的过程中，乔布斯吸取了自己以前在苹果公司失败的教训，改变了原先一意孤行、坚持已见的个性，成为一个善于合作的优秀管理者。

奇迹发生了，由于他的新公司具有非常强的活力，而且他的个性也有了极大的改进，苹果集团决定请他回到苹果，重新担任苹果公司的领导者。

从此，他迎来了人生的更大腾飞。

后来,美国著名的斯坦福大学邀请乔布斯为大学生做演讲，他的发言十分精彩：“我非常肯定，如果没有被苹果炒掉，这一切都不可能在我身上发生。对于病人来说，良药总是苦口。生活有时候就像一块板砖拍向你的脑袋，但不要丧失信心。”

或许，这也是埃隆·马斯克在彼时彼刻的感慨。

起初，埃隆·马斯克想要反击，他希望董事会重新考虑这个决定。然而，这时他却发现，公司已经把他甩在了一边，继续向前走了。于是，他改变主意，决定暂时接受被驱逐的命运，并接受了作为公司顾问的角色，并继续向它注资以增加自己的股份。这对睚眦必报的埃隆·马斯克来说，实在是一件不可思议的事。但此时的他，显然更加成熟了。

“政变”之后，埃隆·马斯克在公司的影响力逐渐消退。2001 年 6 月，彼得·泰尔将 X.com 更名为 PayPal。

第五节
PayPal被收购，套现1.7亿

埃隆·马斯克被驱逐之后，彼得·泰尔回到了 PayPal，并担任首席执行官。不过，此时，PayPal 内部的斗争才刚刚拉开了序幕。

当时，PayPal 通过与电子商务网站 eBay 的合作，使用户数量不断增加，但 eBay 的首席执行官、女强人梅格·惠特曼却认为，PayPal 只不过是在利用 eBay 为他们自己赚取利润，这让她非常不满。梅格·惠特曼想结束与 PayPal 的合作，使用 eBay 自己收购来的结算服务提供商 BillPoint。

不过，PayPal 向用户提供的优良服务，彻底征服了用户，得到了广大用户的强烈支持，并且用户人数还在持续增加，这让梅格·惠特曼也不得不重新考虑这件事。权衡再三，她决定直接收购 PayPal。

此时，PayPal 的现任首席执行官彼得·泰尔也正在寻找买家。将发展到一定程度的公司以高价卖掉，是硅谷最成功的商业模式之一。而且，在 PayPal 的管理者们看来，互联网大潮正在迅速消退，套现才是眼下最重要的事情。因此，当 eBay 的高管开始接触 PayPal 商量收购的事情时，公司内部的大多数人都倾向于尽快卖掉，埃隆·马斯克也告知董事会拒绝其他收购要约，并采取观望态度以获得更高的价格。

2002 年 7 月，eBay 出价 15 亿美元收购 PayPal，埃隆·马斯克和董事会其他成员接受了这笔交易。拥有 PayPal 12% 股份的埃隆·马斯克从出售给 eBay 的交易中净赚约 2.5 亿美元，交完税后还有 1.7 亿美元。正是这笔意外获得的巨额财富，使埃隆·马斯克拥有了向宇宙发起挑战的资本，得以实现他的太空梦想。

eBay 收购 PayPal 是一笔非常划算的生意，PayPal 在网络经济中的重要地位越来越凸现出来。2014 年初，eBay 估值 900 亿美元，其中 PayPal 占 400 亿美元之多。

eBay 收购 PayPal 之后，PayPal 的核心员工陆陆续续离开了 eBay，很多人走上了创业的道路。不过，他们之间仍然保持着密切的联系，并且经常聚会，关系非常不错。这些人后来大多成为在硅谷鼎鼎有名的创业人才，闯出了属于自己的一片天地。因为他们在互联网领域的巨大影响力，媒体给他们冠予“PayPal 黑帮”的称号。

除了埃隆·马斯克之外，彼得·泰尔是“PayPal 黑帮”的核心人物。离开 eBay 之后，彼得·泰尔创办了一家名为 Clarium 的对冲基金，以及名为 Founders Fund 的风险投资公司。彼得·泰尔还是社交网站 Facebook 的早期投资人之一，他当年对 Facebook 投资 50 万美元获得 10% 的股份，如今这些股份的价值已经不知翻了多少倍。

马科斯·拉夫琴于2004年创办了社交游戏公司Slide，这家公司随后以1.82亿美元的价格出售给了谷歌。不过在被谷歌收购之后，Slide仍被准许作为一个独立部门，由马科斯·拉夫琴来管理。后来，马科斯·拉夫琴又被任命为知识挖掘平台Kaggle的董事会主席。Kaggle是一个连接全世界17000多名顶尖科学家的网络，共同解决那些最深奥的问题。

里德·霍夫曼也是“PayPal黑帮”的重要成员，他是PayPal创建之初董事会董事之一，以人脉广泛而著称，并因此被称为硅谷“人脉之王”。在PayPal被出售之后，里德·霍夫曼创建了LinkedIn。LinkedIn于2011年年初上市，里德·霍夫曼由此进入了“十亿美元俱乐部”的行列。里德·霍夫曼目前是硅谷最成功的天使投资人之一，他投资的公司包括了社交游戏公司Zynga、Last.fm以及社交网站Tagged。

YouTube的创始人陈士骏也是“PayPal黑帮”的一员。陈士骏1978年8月出生于中国台湾，祖籍上海，1986年，陈士骏全家搬迁到美国，他在美国伊利诺伊州生活了12年，然后又搬到加利福尼亚州，此后一直在硅谷。陈士骏在伊利诺伊大学香槟分校的最后一个学期，急不可待地辍学就业，加盟PayPal。2005年，他离开PayPal创办YouTube。YouTube雇用的前十名工程师都是从PayPal出来的。

PayPal首批工程师之一的罗斯·西蒙斯，后来创立了Yelp，它是美国最大点评网站。

PayPal能成为创业者的“摇篮”，哺育出如此众多的创业者和投资人，足以与谷歌、微软、甲骨文等巨型公司媲美。从这个角度来说，PayPal 已经可以算作是一家伟大的公司。

PayPal 的闹剧使埃隆・马斯克的蜜月还未开始就夭折了，直到 2000 年 12 月底事情逐渐平息之后，埃隆・马斯克才开始了他创业以来的第一个假期。他和贾斯汀・威尔逊把两周的假期分成了两部分，先去巴西，再去南非靠近莫桑比克边境的一个野生动物保护区。但是，在非洲的时候，埃隆・马斯克不小心染上了最可怕的疟疾——热带疟疾，这种病是大多数疟疾死亡病例的罪魁祸首。

埃隆・马斯克于 2001 年 1 月回到美国后，病情开始显现出来。他病倒了，只能躺在床上，什么也做不了。贾斯汀・威尔逊赶紧带他去看医生。医生命令救护车将马斯克紧急送往位于红木城的红杉医院。遗憾的是，那里的医生竟然误诊了，错误的治疗方法让原本就虚弱的埃隆・马斯克雪上加霜，几乎处于濒死的状态。幸运的是，来自另一家医院的访问医生见过很多疟疾病例。他仔细查看了埃隆・马斯克的血液样本检测结果，下令以最大剂量给马斯克注射某种抗生素。医生告诉马斯克说，如果他晚一天就医，这种药就无济于事了。

在重症监护病房，埃隆・马斯克一直待了十天，这是他迄今为止最焦虑的十天。出院之后，埃隆・马斯克花了半年的时间才得以彻底康复。他在生病期间体重锐减，康复后整个衣柜的衣服都不合身了。

后来，埃隆・马斯克心有余悸地说：“我那时候差点就死了……这次度假使我得到了一个教训：不要度假，假期会害死你的。”

第五章

建立SpaceX，追寻太空梦想

第一节
来自太空的召唤

2001 年是埃隆·马斯克的而立之年。在这一年的生日，他的感触比以往任何一年都要深。回望自己前三十年的人生，创业已经成为他的一个最重要的“关键词”。从 1995 年踏上创业之路以来，他在这条路上一路狂奔。多少年来，他一直如临深渊、如履薄冰，现在，有一个想法在他的脑海中浮现出来：脱离收入丰厚但竞争激烈的生活环境，去做对自己更有意义的事情。

下一个目标，是什么？

或许就连那时的埃隆·马斯克也不知道这个问题的答案。

有一种鸟儿是关不住的，埃隆·马斯克就是这样一种鸟。他的一生都在追逐一个更大的舞台，所以帕洛阿尔托注定了只是他的暂时停留的一站，不是他的目的地。生日之后，埃隆·马斯克和妻子决定离开帕洛阿尔托，搬往更加热闹的洛杉矶。

也是在洛杉矶，埃隆·马斯克想起了自己儿时关于火箭飞船和太空旅行的梦想，重新燃起了探索宇宙的热情。

因其温和且稳定的天气条件，洛杉矶一直是备受航空业青睐的城市，是军事航空业和商业活动的中心。美国空军、美国航空航天局、波音公司以及其他政府机构或公司纷纷在洛杉矶周边展开大量的生产制造活动和尖端试验。虽然那时的埃隆·马斯克还没有想清楚自己究竟要如何实现太空梦想，但冥冥之中他却听到了来自太空的召唤，并认识到只有留在航空业发达的洛杉矶，才能接触到更多世界顶尖的航空业人士，他们可以助自己一臂之力，让自己与太空更近一步。

2001 年年中，埃隆·马斯克有了与航空业人士的第一次接触。火星学会筹划了一次募捐活动，每张门票价值 500 美元，并按照惯例向一些名人发出了邀请函。火星学会是一个提倡人类探险以及定居在火星的非营利组织，这个学会的目的在于教育大众、媒体以及政府，人类在未来探险并定居在火星的重要性。埃隆·马斯克也收到了邀请函，在了解了火星学会后，他决定参加这个活动，并当即给火星学会回函，捐赠了 5000 美元。

罗伯特·卓比林是火星学会的创始人和负责人，收到回函后，他开始打听埃隆·马斯克的情况，在了解到他是一个有钱人后，他邀请埃隆·马斯克在活动之前一起喝咖啡。埃隆·马斯克欣然前往。罗伯特·卓比林向他详细地介绍了火星学会正在进行的项目——“生命迁徙任务”实验。这项实验是让一架关着一些老鼠的模拟太空舱围绕地球轨道旋转。埃隆·马斯克对这个实验非常感兴趣。

埃隆·马斯克如约出席了募捐活动，他被安排坐在罗伯特·卓比林身边的贵宾席上，这使他有更多的机会了解火星学会关于火星的计划。了解越深，他的兴趣越浓厚，后来，他甚至加入了火星学会的董事会，并捐献了 10 万美元，用于支持火星学会在沙漠建立科研工作站。

埃隆·马斯克对探索太空的狂热与日俱增，尤其是在非洲感染疟疾九死一生之后，他更加确定，自己的下一个目标就是太空，并认为这是自己希望用一生来完成的“有意义的、永恒的事情”。

事实上，火星学会的实验远不能满足埃隆·马斯克对太空的野心，他们只是想把一群老鼠送到地球轨道上，而埃隆·马斯克则更加激进——他想把老鼠送到火星上！

在和他的投资人兼好朋友乔治·扎卡里一起吃午餐的时候，埃隆·马斯克曾经满怀激情地说起这个不可思议的点子。根据他的估算，要完成这趟“老鼠旅行”大约需要投入 1500 万美元，乔治·扎卡里虽然觉得非常疯狂，但还是好奇地问他：“那些老鼠还能回来吗？”

埃隆·马斯克认真地告诉他，那些老鼠不但要在火星和地球之间往返，在长达几个月的旅行中，它们还会繁衍后代。

尽管很少有人能理解他对探索太空的热爱，但埃隆·马斯克却非常认真地思考这件事。然而，思考越深入，他越觉得失望，他发现人们似乎已经失去了对未来的憧憬和希冀。

有一天，埃隆·马斯克浏览了美国宇航局的官方网站，他原本希望能在上面找到一些关于火星探索的介绍和计划，但他竟然没有找到关于火星的任何记载！

“这是不是搞错了？”埃隆·马斯克惊讶极了。

事实上，一直扮演着宇宙开发领航人的美国之所以没有制订把人类送上火星的计划，并不是因为技术上存在困难，而是因为火箭的研发费用实在是高得离谱。1998 年，美国宇航局曾经对从地球到火星的载人飞行费用进行了一个大概估算，结果是这一飞行要花费 5000 亿美元。即使是美国宇航局，也无法承担这一费用。

当然，有没有一种火箭能以较低的成本把人类送上火星？这当然并非不可能。只是，对美国的政客来说，高额的预算是导致政治斗争的根源，对此，他们避之唯恐不及。

于是，埃隆·马斯克下定决心，要凭借自己的力量制造出一种能把人类送上火星的火箭。

为了实现这个目标，埃隆·马斯克开始频频组织沙龙活动。这时的埃隆·马斯克在航空业已经积攒了很多人脉，因此，他的沙龙活动不乏行业中的顶尖人才，比如来自喷气推进实验室的科学家们。好莱坞导演詹姆斯·卡梅隆也是沙龙的常客，他利用自己的名气为埃隆·马斯克的沙龙做了很多宣传。

科学家们总是积极地参加埃隆·马斯克的沙龙，在他们看来，像埃隆·马斯克这样的富翁对他们的研究感兴趣，并且愿意资助他们，真是美事一桩。在沙龙上，他们热烈地讨论着把老鼠送到火星的计划，并且，随着讨论的深入，他们还不谋而合地产生了一个新的想法——开展一个叫作“火星绿洲”的新项目。在科学家们的设想中，埃隆·马斯克需要买下一枚火箭，把一个机械温室发射到火星上去。一群科研人员已经在研究适用于太空的植物生长室了。科学家需要调整生长室的结构，让其能够短暂地开启，采集一些火星表面的岩屑或土壤，用来培育植物，这样就能在火星上产生第一口氧气。

“火星绿洲”计划令埃隆·马斯克眼前一亮，不过，他也提出了自己的看法：他希望能在生长室上开一扇窗户，这样，人们就可以通过视频来观察植物在火星上的长势。

埃隆·马斯克的这一想法得到了很多专家的支持，然而，要实现这一点，有很多技术难题亟待解决，比如，一旦在生长室开了一扇窗，里面的温度很难达到能够维持生命的水平。

但埃隆·马斯克并没有因此而放弃这个计划。他聘请了几名志愿者专家担任顾问，负责植物生长室的设计工作。而他自己则亲自赶赴俄罗斯，调查发射一枚火箭需要多少资金，他还计划从俄罗斯购买一枚翻新的洲际弹道导弹，用来运载火箭。

第二节
艰难的俄罗斯之旅

2001 年 7 月，埃隆 · 马斯克给航天顾问吉姆 · 坎特雷尔打了一个电话，在电话里，他介绍自己是一位“互联网亿万富翁”，“我想实施一项太空计划”，希望与他谈谈。

吉姆 · 坎特雷尔是航空领域的传奇人物，他是一位火箭专家，曾经效力于美国和其他政府，从事一系列机密和非机密工作。在他参与的一桩卫星交易失败后，俄罗斯政府指控他犯有间谍罪，并于 1996 年把他软禁了起来。这一事件在美国十分轰动。当时担任副总统的艾伯特 · 戈尔亲自打电话给俄罗斯政府从中斡旋，才使吉姆 · 坎特雷尔摆脱了困境。也正是因为这一遭遇，使他下定决心，再也不和俄罗斯人打交道了。

但埃隆 · 马斯克知道，如果他要去俄罗斯买火箭，吉姆 · 坎特雷尔是最好的伙伴。吉姆 · 坎特雷尔一开始对他心存戒备。为了防止有人设局陷害自己，他约埃隆 · 马斯克在盐湖城机场见面，他在那里租了一间会议室。

他们的会面出奇地顺利。埃隆·马斯克激情澎湃地向吉姆·坎特雷尔介绍自己的想法："人类应该成为一种跨行星物种"。吉姆·坎特雷尔被他打动了，他不但放下了自己的戒心，还表示，为了埃隆·马斯克的计划，他愿意再去一次俄罗斯。

2001 年 10 月底，埃隆·马斯克终于登上了前往俄罗斯的飞机。与他同行的，除了吉姆·坎特雷尔，还有他大学时期的好朋友阿德·雷西。

在阿德·雷西看来，埃隆·马斯克已经快要失去理智了。他劝说埃隆·马斯克放弃到俄罗斯买火箭这个不靠谱的计划，还给他看了一系列火箭爆炸的视频，埃隆·马斯克却丝毫不为所动。于是，阿德·雷西决定与他一起去俄罗斯，希望能在他"发疯"的时候起到一些作用。

与俄罗斯人打交道的确不是一件容易的事。在长达四个月的时间里，埃隆·马斯克一行先后与拉沃契金设计局、商用火箭发射器制造商 Kosmotras 公司等进行过接洽。会面通常会按照俄罗斯的传统习俗进行。俄罗斯人习惯了不吃早餐，为了早点儿吃午饭，他们会提议 11 点左右在办公室见面。在会谈的过程中，他们往往会一边吃着三明治、香肠，一边喝着伏特加，看起来悠闲至极。可是这却让埃隆·马斯克烦躁不已，对重视效率的他来说，这样的商谈简直像是酷刑，他永远不知道什么时候才能开始谈生意。那些俄罗斯人吃完午饭后，还会抽烟、喝咖啡，这又要花好长时间。终于等到他们吃完了，才会态度稍微认真一点儿，但问出来的问题却令人抓狂："你想买什么来着？"

埃隆·马斯克计划以 2000 万美元购买三枚弹道导弹，经过改装之后送上太空。他直截了当地问俄罗斯人导弹的价格。

对方狮子大开口，说 800 万美元一枚。埃隆·马斯克还价到 800 万两枚，那些俄罗斯人马上笑了起来，颇为不屑地说道："你是在开玩笑吗？"除此之外，他们还讽刺埃隆·马斯克，认为他没那么多钱。

这次会面令埃隆·马斯克几近崩溃，他认为这些俄罗斯人并不是诚心与他做生意，而是想"敲诈"他。忍无可忍的他拂袖而去，出门之后马上叫了一辆出租车去机场。

那时是 2002 年 2 月底，正是寒风凛冽的冬天。坐在出租车上的埃隆·马斯克看着车窗外萧瑟的莫斯科冬景，心中百感交集。在前往俄罗斯的飞机上他志得意满，以为自己马上就要改变世界了，谁知如今却失望而归。吉姆·坎特雷尔和阿德·雷西也默不作声，心情十分低落。

一上飞机，埃隆·马斯克就打开电脑，开始打字。没过一会儿，他就大功告成一般长舒了一口气，向吉姆·坎特雷尔亮出了自己刚刚制作的电子表格，同时宣布了一个令人震惊的决定："我想我们可以自己造火箭！"

吉姆·坎特雷尔一点儿也不惊讶，在他看来，埃隆·马斯克只不过是在空想罢了。实际上，像这样的空想，很多与埃隆·马斯克一样的企业家都曾经有过。亚马逊创始人杰夫·贝佐斯就是一位这样的人物。除了创建全球最大的电子商务公司亚马逊，2000 年，他还成立了一家专门从事太空科学研发的企业——蓝色起源太空公司，目标是建造出新型的太空飞船，他说，要"为人类向太空移民提供廉价便捷的工具"。然而，这样的梦想真的能实现吗？恐怕答案是"天知道"！

埃隆·马斯克毫不在意他的态度，他把自己的电脑递给吉姆·坎特雷尔，让他认真看一看。埃隆·马斯克列出的表格令吉姆·坎特雷尔震惊不已。在这个表格里，埃隆·马斯克详细列明了建造、装配和发射一枚火箭所需的成本。根据他的计算，他需要建造一枚大小适中的火箭，以满足那些搭载小型卫星和研究设备的细分市场的需求，这样就能节省一笔发射费用。他在表格中还列出了假设的火箭性能特性，内容十分详细。

吉姆·坎特雷尔一边赞叹，一边问道："天哪！你的这些数据都是从哪里来的？"

其实，埃隆·马斯克已经花了几个月的时间来研究航天工业及其背后的物理原理。他阅读了大量的专业书籍，比如《火箭推进原理》《天体动力学基础》《燃气涡轮和火箭推进的空气动力学》等。那年圣诞节，他和妻子到巴西度假时，他还一边晒着日光浴一边看书。

埃隆·马斯克仿佛回到了儿时对书如饥似渴的状态，他像海绵一样，竭尽所能地吸收关于太空、关于宇宙、关于火箭的知识，就在这个过程中，他渐渐意识到，或许他可以不必从俄罗斯人那里购买火箭，而是自己造火箭，而且成本更低。

埃隆·马斯克的计划很快就传遍了整个航空业，但几乎所有人都对这个计划不以为然。罗伯特·卓比林对埃隆·马斯克放弃"老鼠旅行"有些不满，在他看来，埃隆·马斯克的新计划只是在烧钱罢了，注定会失败。这样的故事已经太多了，埃隆·马斯克不过是其中之一。等到他失败的那天，人们在提到他的时候会说："真是太愚蠢了，他原本只需要花 1000 万美元送老鼠上太空，但现在他却要花几亿美元，然后像他的前辈一样什么也没做出来。"

第三节
“我想开一家太空公司”

埃隆·马斯克并非不食人间烟火，也从不做白日梦，他比任何人都知道成立一家太空公司将会面临多大的风险，然而，“我想开一家太空公司”的念头已经在他的脑海里徘徊了很久。

虽然很多人都曾经在这个地方跌倒过，但他却认为，自己能行，因为他有一个秘密武器——汤姆·米勒。

汤姆·米勒是一个不折不扣的美国人，出生在爱达荷州的圣玛丽小镇。小时候的他就是圣玛丽小镇上出了名的“怪人”。当其他孩子们都在打打闹闹、不亦乐乎时，他总是安安静静地坐在家里看书。

汤姆·米勒酷爱机械，他总喜欢将家里的各种器件拆了又装、装了又拆。有一天，他在家附近的垃圾站看到了一个别人丢弃的座钟，他如获至宝地把它带回了家。每天放学之后，他都会修理钟的几个零件——一个齿轮、一根弹簧，用不了几天，那个座钟就被修好了。一开始，每次他把家里的机器拆了，父母都会很生气地教训他，不相信他能把它们再组装好。但汤姆·米勒却用实际行动证明了自己真的能行，后来，父母也就不再管他了。

汤姆·米勒是《星际迷航》的忠实粉丝，正是在它的引导下，他对火箭产生了浓厚的兴趣。他把自己省吃俭用节省下来的零花钱全都买了火箭材料，根据说明书建造小型火箭。十二岁时，他成功地制作了一架航天飞机模型，它可以搭载在火箭上，升空并滑翔回到地面。

大学里，汤姆·米勒读的是自己热爱的机械工程专业，毕业后，他先是在休斯飞机公司从事卫星研究，后来又去了TRW天空与电子设备公司。20世纪80年代下半叶，罗纳德·里根提出的星球大战计划引起了太空爱好者们的极大兴趣，他们幻想着制造出各种动力学武器和可能引起的各种混乱。汤姆·米勒在TRW公司实验了许多种推进剂，负责TR-106型引擎的开发。这是一种以液态氧气和氢气作为燃料的大型设备。

工作之余，汤姆·米勒经常参加反应力研究学会的聚会。周末的时候，汤姆·米勒会和学会的其他成员一起去莫哈韦沙漠，改进他们自己研制出来的非专业设备。反应力研究学会成立于1943年，致力于推进火箭的建造和发射。汤姆·米勒是这个学会的杰出成员之一，擅长制造一些能够真正运作起来的机器，还会实践一些不被TRW公司保守上司认可的激进设想。他引以为傲的成就是一台重达80磅的火箭推进器，它可以产生1.3万磅的推力，被誉为世界上最大的由业余爱好者制造的液体燃料火箭推进器。

汤姆·米勒与埃隆·马斯克是在约翰·加维的车间里相遇的。约翰·加维也是一位太空爱好者，准备自己制造火箭。2002 年 1 月，汤姆·米勒与约翰·加维正在车间里研究那台 80 磅的火箭推进器，埃隆·马斯克来了。当他看到汤姆·米勒正扛着火箭推进器准备把它放到一个支架上时，他好奇地走了过来，问道：“它的推力有多大？”

汤姆·米勒仔细地向他介绍了这台火箭推进器，这引起了埃隆·马斯克的兴趣。他问汤姆·米勒是否制造过更庞大的设备，汤姆·米勒告诉他，他曾经在 TRW 公司制造过一台可以产生 65 万磅推力的火箭推进器，每个细节他都一清二楚。

埃隆·马斯克马上意识到，这就是他要找的人！

那天下午，他们聊了好几个小时还意犹未尽。于是，接下来的那个周末，埃隆·马斯克到汤姆·米勒家做客，两个人又讨论了足足一天。埃隆·马斯克希望汤姆·米勒加入自己的团队，汤姆·米勒欣然答应了。在他看来，埃隆·马斯克虽然看起来非常疯狂，却知道自己在做什么，他是一个真正有目标的人，而他的目标与汤姆·米勒的目标不谋而合。

汤姆·米勒的加入使埃隆·马斯克的火箭计划更加可行了，他在埃隆·马斯克的表格中增加了新型低成本火箭性能和成本方面的参数，并在团队中其他专家的帮助之下，重新完善了这一构想。与波音公司、洛克希德公司、俄罗斯人和其他国家发射的大型火箭相比，埃隆·马斯克制造的火箭不会搭载大型卫星，而是瞄准低端卫星市场。借助于近年来迅速发展的计算机与电子技术，它最终将成为理想的更小载荷的新兴火箭。他的火箭直接瞄准太空产业的一大理论，也就是说，如果一家公司能够大幅降低每次发射的成本并定期进行发射的话，将会为商用和科研使用有效载荷打开一个全新市场。

2002 年 6 月，SpaceX（太空探索技术公司）正式成立。埃隆·马斯克在洛杉矶郊区埃尔塞贡多格兰大道东 1310 号租了一间旧仓库作为 SpaceX 的办公室。这里虽然地处偏僻、装修简陋，但航空业发达，埃隆·马斯克对此非常满意。

创立初期，SpaceX 只有三十个员工，都是埃隆·马斯克精挑细选的精英人才。在 SpaceX 的办公室里，毕业于常春藤大学的计算机科学家、负责机器设计的工程师和负责制造硬件的电焊工、机械师们坐在一起，这与传统的航空公司有很大的差异。传统的航空公司会让工程师和机械师分开工作，他们会在房租和人力都便宜的地方设立工厂，工程师和机械师往往相隔千里。但埃隆·马斯克却认为这不利于火箭研发工作的推展，他希望工程师和机械师能够互相交流、密切合作。从另一个角度来说，也是因为这三十个员工包揽了从设计、分析、整合软硬件、测试到火箭发射等实地作业在内的全部工作内容，如果分隔两地，工作效率就会大大降低。

这些员工刚进入 SpaceX 时，埃隆·马斯克就告诉他们 SpaceX 的目标是成为“太空行业中的西南航空公司”。他宣称，SpaceX 将会用通常火箭成本的 1/10 来制造火箭。

埃隆·马斯克的这个目标在人们看来实在是太过狂妄了，几乎所有人都对 SpaceX 抱着怀疑的态度。有些火箭专家还断言，开火箭开发公司可不像开互联网公司，它需要大量的资金和几十年的开发时间，民营企业真的能投入这么多的资金和时间吗？而且，得不到政府的全面支持，成功是遥不可及的。一时间，批评和质疑铺天盖地地向埃隆·马斯克袭来。

但埃隆·马斯克并没有因为他人的质疑之声而动摇自己的目标，当人们忙着议论他、批评他的时候，他正忙着与 SpaceX 的员工们一起开发他们的第一枚火箭——“猎鹰 1 号”。埃隆·马斯克之所以将 SpaceX 的第一枚火箭命名为“猎鹰 1 号”，是为了向电影《星球大战》中的“千年隼”号致敬。他为“猎鹰 1 号”制定了一个不可思议的成本预算——能搭载 1400 磅载荷的“猎鹰 1 号”，耗费的成本约为 690 万美元。而在当时，发射一枚 550 磅载荷火箭的成本至少需要 3000 万美元。要实现这一目标的难度，可想而知，没有人相信他会成功。

2002 年 7 月，SpaceX 成立仅一个月，埃隆·马斯克仍然沉浸在梦想萌芽的喜悦之中，就在这时，另一个好消息传来——eBay 决定以 15 亿美元收购 PayPal。这笔交易使埃隆·马斯克的资产翻了好几倍，于是，他又向 SpaceX 投入了 1 亿多美元。

这笔巨额投资使埃隆·马斯克牢牢把握住了 SpaceX 的控制权，他绝不允许有人再从他手中夺走 SpaceX 了。这笔资金也为埃隆·马斯克赢得了与政府官员平起平坐、对供应商们发号施令的权利。

就在 SpaceX 发展得如火如荼之时，一件不幸的事情突然发生了。

搬到洛杉矶之后，贾斯汀·威尔逊怀孕了，并顺利诞下了一个男孩。埃隆·马斯克给他取名内瓦达·亚历山大·马斯克，对他视若珍宝。然而，人生的大悲大喜总是难以预料，就在 PayPal 被 eBay 收购的消息公布后不久，死神夺走了只有几个月大的内瓦达的生命。

关于内瓦达的死，贾斯汀·威尔逊曾经在一篇文章中提到过："那个星期，我将内瓦达放入摇篮午睡，像往常那样仰面朝上，但他突然停止了呼吸，那时他才 10 个星期大，是男性婴儿最容易患上 SIDS（婴儿猝死综合征）的时期。当医护人员赶到对他实施抢救的时候，他已经因为长时间缺氧而脑死亡了。我们将他送进了橘子郡的一家医院做生命维持治疗，但三天过后，我们决定放弃。他死时，我将他紧紧抱在怀中。"

内瓦达的夭折给埃隆·马斯克和贾斯汀·威尔逊带来了巨大的冲击，那时，贾斯汀·威尔逊几乎每天沉浸在失去爱子的痛苦之中，她希望通过向丈夫倾诉来缓解痛苦，然而，埃隆·马斯克却明确地表示他不想谈论内瓦达的死。贾斯汀·威尔逊对此很不满："我很不理解他这一点，就像他不理解我为什么总在别人面前表达自己的哀痛一样，他认为我是进行'情感操纵'。所以后来我只将自己的情感埋藏在心里。"

实际上，在埃隆·马斯克看来，谈论这种令人伤心的话题，对未来是没有任何好处的。作为一个理性大于感性的人，他宁愿用埋头工作来缓解痛苦，也不愿意向别人敞开心扉诉说自己的伤痛。

就是在这段时间里，埃隆·马斯克对 SpaceX 的目标进行了拓展。他与航天承包商们接洽，与他们讨论 SpaceX 有哪些工作可以外包，然而，结果却令他非常失望。这些承包商们不但开出了天价一般的价码，而且还需要漫长的工期。埃隆·马斯克想，与其花费漫长的时间和大量的精力把这些公司制造的零件组装到一起，不如完全靠自己来制造零件。

于是，很快，在 SpaceX 公司的网站上出现了这样一个公告：

“在总结了‘阿波罗’号飞船、X-34/Fastrac 型火箭以及以前的其他运载火箭项目的经验之后，SpaceX 打算独立从事‘猎鹰’号火箭的全部开发工作，包括两台火箭推进器、涡轮泵、低温贮罐结构和制导系统……内部开发工作加大了研发难度，所需的资金也增多了，但为了降低登陆太空的成本，我们没有其他的选择。”

所幸的是，埃隆·马斯克为 SpaceX 组建的团队可谓全明星阵容，正是这些顶尖人才，使他的计划有了成为现实的可能。汤姆·米勒马上就开始了制造两台引擎的工作，它们分别以两种猎鹰的名字命名，即灰背隼和茶隼。克里斯·汤普森曾经在波音公司担任运营副总裁，管理德尔塔火箭和“大力神”号火箭的生产。蒂姆·布扎也来自波音公司，他是世界上最优秀的火箭测试专家之一。史蒂夫·约翰逊曾经在 JPL 和其他两家商业太空公司任职，现在担任 SpaceX 的高级机械工程师。航空工程师汉斯·克尼格斯曼负责航空电子技术、制导和控制系统的开发。埃隆·马斯克还聘请了格温·肖特维尔，她在航空领域经验丰富，作为 SpaceX 的第一位销售员，经过多年的升迁，最终晋升为总裁，成为埃隆·马斯克的得力干将。

这是一群愿意为了共同梦想而奋斗的团队。SpaceX 没有周末，每个人都在竭尽所能地利用每分每秒的时间。他们深知，航天事业与其他行业不同，错过了机会就可能是一辈子的遗憾。

就这样，埃隆·马斯克带领着这些科技英雄们开始脚踏实地地干了起来，他们知道，他们建造的火箭，有朝一日会载着人类飞向太空、登陆火星，完成人类进化史上的一次巨大的跨越。

第四节
一波三折的发射

虽然埃隆·马斯克与他的 SpaceX 团队拥有超乎想象的激情与攻克难题的毅力，但一家民营公司独立研发可发射升空的火箭简直难如登天。

此时，汤姆·米勒已经为他想制造的两台火箭推进器构建了三维计算机模型。“灰背隼”是“猎鹰 1 号”第一级所需的推进器,能够将它发射离开地面;“茶隼”比“灰背隼”小一号，用来提供动力，它是火箭第二级所需的推进器，在太空中负责制导。

工程师杰里米·霍尔曼是汤姆·米勒的得力助手，他恰好符合埃隆·马斯克对人才的要求：在艾奥瓦州立大学取得了航天工程学位，在南加州大学取得了航天工程硕士学位，在波音公司做过几年测试工程师，负责喷气机、火箭和宇宙飞船的测试。

杰里米·霍尔曼协助汤姆·米勒确定出推进器的哪些零件

可以自己在工厂制造，哪些零件应该从其他公司采购。对于那些需要外部采购的零件，杰里米·霍尔曼需要去不同的机械工厂了解报价和交货期限。在这个过程中，他听到的最多的声音是：SpaceX 的时间表实在是太疯狂了。的确，这正是 SpaceX 的特色。

第一台火箭推进器在 SpaceX 位于加州的工厂制成了之后，SpaceX 团队带着所有设备来到了得克萨斯州的试验场进行试验。在这里，他们不得不忍受着与世隔绝的孤独、忍受着令人窒息的酷热，对推进器的每个细节进行完善。这项工作要承受的压力是常人难以想象的，因为稍有不慎就会爆炸，这对工程师的技术是一个巨大的挑战。

从加州到得克萨斯州的长途跋涉被 SpaceX 的员工称为"得州牛车之旅"。他们通常会在得克萨斯州连续工作数十天，然后回加州休息一两天，再回来接着工作。为了让他们免遭长途跋涉的劳累，埃隆·马斯克把他的私人飞机给他们用，不过，他的私人飞机只能载 6 个人,所以有一个人需要坐在卫生间里。在得克萨斯州进行试验的几个月里，SpaceX 工程师们总是每天早上 8 点准时到达试验场，进行长达十二个小时的推进器测试，然后才能下班。

难题接踵而至：为了能顺利升空，"灰背隼"推进器需要燃烧 180 秒。起初，工程师们认为这是无法达成的目标，因为在当时，引擎最多只能燃烧 0.5 秒，然后就会失灵。有时，"灰背隼"在试验时晃动得非常厉害；有时，它不能适应新材料，还有可能会发生破损，需要升级主要零件，比如把一根铝歧管换成由更独特的铬镍铁合金制作的歧管，这样就能适应极端温度。有一次，一个燃料阀没能正确打开，造成整台推进器被炸毁。还有一次测试出错，整个试验台都被烧毁了。汤姆·米勒不得不打电话向埃隆·马斯克汇报这些情况，每次听到汤姆·米勒在电话那头烦躁又懊恼的声音，埃隆·马斯克都非常沮丧，不过，他还是会耐心地劝他："不要着急，冷静一下，我们还可以重来。"

埃隆·马斯克可以接受暂时的失败，但却不能接受找借口推脱或者缺乏明确的工作计划。有一次测试出了问题，他在电话里一再追问杰里米·霍尔曼多长时间才能修好，杰里米·霍尔曼无法回答，埃隆·马斯克愤怒地对他说道："这个问题你应该想清楚了再告诉我，这对我很重要，但你竟然一问三不知！"

很多时候，埃隆·马斯克也会亲自参与到实验过程中去。一次，公司以 7.5 万美元的价格购买了几个推进器的冷却室，并向里面注水，从而测定其抗压能力。当时，埃隆·马斯克也在场。刚一开始测试，其中一个比较贵的冷却室就破裂了。然后，第二个冷却室又在同样的部位裂开了。埃隆·马斯克马上要求进行第三次测试，工程师们在一旁紧张不已。结果，第三个冷却室也像前两个一样破裂了。埃隆·马斯克让工程师们把冷却室放在工厂地板上，自己动手把环氧树脂装进冷却室，看看会发生什么情况。衣服、鞋子全都弄湿了，他也不在乎。一整晚，他都在工厂里做实验，但无论怎么做，冷却室都会破裂。埃隆·马斯克认为硬件存在缺陷，他验证了自己的假设，于是迅速采取行动，让工程师制定新的解决方案。

按照预定的计划，SpaceX 原本应该在 2004 年年初发射火箭，然而，计划却并没有实现。尽管汤姆·米勒及其团队制造的“灰背隼”引擎是有史以来最高效的火箭引擎，但测试引擎所花的时间仍然比埃隆·马斯克的预期久了很多。到2004年秋，经过了艰难的攻关和无数次尝试之后，引擎终于初步达到了发射要求。

但埃隆·马斯克并没有因此而轻松，工程师们很快就发现，引擎依然存在着很多潜在的问题，比如航空电子设备，包括导航、通信和火箭整体管理系统都成了噩梦。还有很多看起来无足轻重的小事，比如，能够与火箭主计算机对话的闪存驱动器因为不明原因发生故障。管理火箭的软件也出了大问题。于是，SpaceX团队不得不继续对引擎进行调试，这耗费了他们将近一年的时间。

2005年，埃隆·马斯克作为SpaceX的首席执行官发表了极其重要的讲话。他向世界宣布，SpaceX生产的第一枚无人宇宙火箭“猎鹰1号”将于11月25日发射升空。这时，几乎全世界的眼睛都投注到了这位来自硅谷的年轻创业者埃隆·马斯克身上。对“猎鹰1号”，人们既充满了期待又带有一丝质疑。

为了寻找适合“猎鹰1号”的发射场，埃隆·马斯克也大费周折。对于SpaceX来说，去范登堡空军基地发射火箭是最为方便的，那里离洛杉矶很近，有好几个发射台可供选择。然而，对SpaceX这个不速之客，美国空军表现得非常冷淡，专门负责发射场的管理人员也从不主动向他们提供帮助。当SpaceX从测试阶段进展到发射阶段的时候，发射场管理方告诉他们需要排队，可能要等待几个月才能发射。埃隆·马斯克等不了那么久，于是，只能寻找新的发射场。

SpaceX 的工程师们用投影仪把世界地图投射到墙上，沿着赤道寻找合适的发射场。在赤道附近，地球的自转速度更快，能够为火箭发射提供额外的助力。位于夸贾林环礁的里根弹道导弹防御测试站无疑是最好的选择。夸贾林环礁属于马绍尔群岛共和国，是西太平洋马绍尔群岛的最大岛屿，由 93 个小礁屿组成，是美国海、空军基地和反导弹基地。多年来，美国军方一直利用它作为导弹发射场。他们找到了测试场中一位陆军上校的联系方式，给他发了一封邮件。三个星期之后，SpaceX 收到了军方的回电，他们表示愿意让 SpaceX 在岛上发射火箭。2005 年 6 月，SpaceX 的工程师把设备装进集装箱，将它们运往夸贾林环礁。

在夸贾林环礁，这枚全长 21 米、总重量约为 39 吨，内部填充了大量液体燃料的"猎鹰 1 号"火箭整装待发。满怀激情、想要改变世界的埃隆·马斯克和他的员工们，正在为火箭发射做准备。

为了到达这个远在西太平洋上的小岛，SpaceX 的员工们不得不搭乘埃隆·马斯克的私人飞机或商务飞机从夏威夷转机。工程师所需的所有材料由埃隆·马斯克的私人飞机由夏威夷或美国本土出发的船只运送过来。SpaceX 团队的成员们每天早上集合，带着装备坐 45 分钟的船到达奥麦利克岛，他们要把这座占地只有七英亩，长满棕榈树和植被的小岛改造成自己的发射台。经过几个月的努力，一小队人马将树木砍倒、灌注水泥来支撑发射台，并将一辆双倍宽度的拖车改造成办公室。这些工作需要耗费大量体力，而且岛上湿度非常大，阳光又很猛烈，能够穿过衣服灼伤人们的皮肤。最后，有些工人宁愿睡在奥麦利克岛上，也不愿意坐船经由汹涌的海面回到主岛。

在这样一个荒无人迹的地方完成火箭发射的准备工作，难度可想而知。但这还不是最难的，最令他们困扰的是，事实上，只有一小部分 SpaceX 团队成员知道怎么发射火箭。他们经常把火箭放在发射台上，垂直竖立几天，然后在技术和安全检查时就会发现新问题。工程师们会在火箭上长时间工作，直到他们精疲力竭才把火箭放平送回机库，以防空气中的盐分对火箭造成损坏。几个月前在 SpaceX 工厂从事推进系统、航空电子系统和软件工作的几个团队，全部聚集到这个岛上通力合作，这把每个人都逼成了跨学科的人才。

尽管他们紧锣密鼓地为发射做着准备，但真正做好全部准备还是比他们预计的晚了一天，是在 2005 年 11 月 26 日。因为这一天夸贾林环礁的天气极度恶劣，所以倒计时推迟了 1 个小时。这一小时对埃隆·马斯克来说比一个世纪还要漫长，但他一直耐心地等待着“猎鹰 1 号”发射升空的那一瞬间，他知道，这将是他迈向宇宙的第一步。

2005 年 11 月 26 日，埃隆·马斯克和其他几个人在凌晨三点就醒来了，他们往火箭里注入了液态氧。然后，躲到了约 3 英里外的小岛上找掩体，而其他成员则在夸贾林岛上距离其 25 英里的控制室内监视着发射系统。

美国军方只给了 SpaceX 六个小时的发射时间，埃隆·马斯克希望在这六个小时里，第一级推进器能够顺利升空，达到约 6850 英里的时速，然后进入第二级，在空中点火并达到 1.7 万英里的时速。

然而，好事总是多磨。在进行发射前检查时，意外发生了。

工程师们发现了一个重大问题——液态氧气罐上的一个阀门无法关闭，这导致液态氧以每小时 500 加仑的速度蒸发到空气中。他们原打算进行快速手工修复，却又发现主计算机出现了问题，这意味着，在预定发射期限内进行发射已经不可能了，无奈之下，埃隆·马斯克只能下令终止火箭发射。

火箭发射的中断令埃隆·马斯克措手不及，但现在并不是沮丧和失望的时候。他第一时间发表声明："新的发射日期定在 12 月中旬。"

为了解决液态氧和主计算机的问题，SpaceX 的技术人员殚精竭虑。他们从夏威夷调来了液态氧补给，准备在二十天后，再次将"猎鹰 1 号"发射升空。

然而，这一次幸运女神依然没有眷顾埃隆·马斯克和他的团队。12 月中旬，就在"猎鹰 1 号"发射之前，发射再一次被终止。

就在 SpaceX 准备进行下一次发射时，工程师们发现第一级火箭的燃料舱出现了结构性缺陷。为了找出问题和修理故障，火箭再次被卸下了发射台。

发射的再次推迟令埃隆·马斯克焦躁不已，但他在媒体面前，依然保持着冷静，他告诉人们："我预想，火箭发射最快也要推迟到明年 1 月下旬吧。"

不过，到 2006 年 1 月，埃隆·马斯克再次食言了。这一次，"猎鹰 1 号"没能再次登上发射台。埃隆·马斯克事后发表声明说 2 月可以发射火箭，但到了 2 月份，他们面临的形势依然非常严峻。不得已，埃隆·马斯克只能再次声明："虽然火箭发动机的测试已经完成，但还没有得到发射许可，看来还需要再等一段时间。”

接二连三推迟发射，令外界议论纷纷。质疑的声音越来越大，很多人断言：SpaceX 的火箭发射最终肯定会以失败而告终。

顶着巨大压力，埃隆·马斯克和他的团队依然在为“猎鹰1号”的发射而不懈努力。埃隆·马斯克知道，面对别人的质疑，最好的反击是成功。

第五节
“猎鹰”坠落

2006 年 3 月 24 日，一切准备就绪，埃隆 · 马斯克终于盼到了“猎鹰 1 号”发射升空的日子。

这一天，“猎鹰 1 号”高高地矗立在方形发射台上，喷着滚滚火焰腾空而起、直上云霄。

埃隆 · 马斯克在控制室里紧张地踱着步子，目不转睛地观看着发射的整个过程。当他看到火箭成功冲上了南太平洋的上空时，忍不住大喊 :“太好了！”整个控制室里顿时一片欢呼声。

可是，他们的欢呼实在是太早了。就在这时，事情突然出现了逆转。“猎鹰 1 号”的绝缘材料从高空坠落。更糟糕的是，在几秒钟后，发动机喷射管的方向突然发生了巨大偏移。在火箭发射升空 40 秒后，“猎鹰 1 号”直接落到了发射场上，大多数残骸掉进了距发射台不远的暗礁中，火箭搭载的卫星设备把 SpaceX 的车间屋顶撞得粉碎，幸好卫星还算完整。一些工程师带上潜水管和潜水装置跳到水中寻找火箭残骸，并把找到的所有残骸装到两个冰箱那么大的板条箱中。

眼看着无数人投入了巨大心血的“猎鹰 1 号”瞬间变成了一堆垃圾，埃隆·马斯克的心情顿时跌入了谷底，但他并没有因此而垂头丧气。在事后分析报告中，他曾这样给自己鼓劲：“值得注意的是，那些成功发射火箭的公司可能也是一路捡着残骸挺过来的。一个朋友告诉我，飞马火箭发射了 9 次，只有 5 次成功了；阿丽亚娜火箭发射了 5 次，只有 3 次成功；阿特拉斯火箭发射了 20 次，只有 9 次成功；‘联盟’号火箭发射了 21 次，只有 9 次成功；‘质子’号火箭发射了 18 次，只有 9 次成功。在直接体验了进入轨道有多难之后，我对那些坚持制造火箭的人充满了敬佩之情，他们是当今太空发射事业的中流砥柱。”

他在文章的最后写道：“SpaceX 将继续努力，无论上天入地，不成功誓不罢休。”

“猎鹰 1 号”为什么会坠落？埃隆·马斯克和其他 SpaceX 主管费了九牛二虎之力才找到发射失败的原因。原来，一位技师在发射前一天进行火箭检测工作，没有拧紧燃油管上的一个配件，导致配件破裂、燃料泄露。有问题的这个基础配件是一个铝制的 B 型螺母，通常用来连接两条管道。对所有残骸进行分析得出的结论证明，那枚 B 型螺母是因为在夸贾林的潮湿的空气中存放了几个月被腐蚀了，所以才会破损。

这真是太不走运了。实际上，在燃料泄漏之前，主发动机和软件等都没有问题，“猎鹰 1 号”的飞行也非常顺利，飞行轨道的偏差不到 0.2 度，一切都很好。

“猎鹰 1 号”的发射惨遭失败之后，SpaceX 的很多人都陷入了沮丧、低落的情绪之中，他们每天泡在主岛的酒吧里，借酒消愁。埃隆·马斯克希望他们重新燃起斗志，并在六个月内再次发射火箭，不过，重新组装一枚新火箭的工作量实在是太过庞大了。尽管 SpaceX 还有一些可以使用的设备，但这对于一枚随时可以发射的火箭来说是远远不够的。

直到一年之后，SpaceX 才准备好再次进行火箭发射。2007 年 3 月 15 日，“猎鹰 1 号”试点火成功。3 月 21 日，这枚期待已久的火箭终于升空，它从棕榈树环绕的发射台上一跃而起，冲向太空。

“猎鹰 1 号”飞了几分钟，在这段时间里，工程师们一直报告系统一切正常，处于极佳的状态。三分钟后，火箭的第一级解体，并掉落地球，“茶隼”引擎按计划开始启动，准备将第二级送入轨道。

这时，控制室里一直屏住呼吸、唯恐出现像上次一样的纰漏的人们终于放下心来，开始欢呼起来。接下来，在第 4 分钟的关口上，火箭上方的整流罩也按计划张开了。“猎鹰 1 号”上的一台摄像机指向下方，显示地球正在变得越来越小，火箭正有条不紊地进入太空。

埃隆·马斯克激动地跳了起来，和站在他旁边的汤姆·米勒拥抱在了一起，他兴奋地说道：“我们终于做到了！”他们都相信，“猎鹰 1 号”会进入轨道。

然而，不幸的事情再次发生了。火箭开始摆动，接着由摇摆变成胡乱抖动，设备失控、解体，最后轰然爆炸了。

这一次，SpaceX 的工程师们毫不费力地找到了发生故障的原因。因为推进燃料逐渐被消耗，燃料罐中剩下的燃料开始在罐子里来回旋转搅动，就像红酒在酒杯里晃动一样。晃动的推进燃料引起火箭摆动，达到一定程度的时候，引擎的一个开口就暴露了出来。当大量空气进入引擎时，就燃烧起来了。

对埃隆·马斯克和 SpaceX 的工程师来说，这次发射失败带来的打击更加沉重。为了这次发射，有些工程师已经花了将近两年的时间往返于加州、夏威夷和夸贾林。而此时距离埃隆·马斯克的最初目标已经过去了四年，他通过互联网产业积累的财富也马上就要花光了。埃隆·马斯克曾经信誓旦旦地告诉大众，他不成功决不罢休，但公司内外的人都知道，SpaceX 的资金可能只够再进行一两次发射了。尽管财务状况让埃隆·马斯克变得很焦躁，但他几乎从不把这一面表现在员工面前，他一直对员工们说，不需要为资金问题而担心，他会搞定一切。

其实，奇迹往往就在绝境之时出现。古往今来，凡是有所成就的人，无不经历过屡屡跌倒的悲剧，但他们的睿智之处在于，即使在最艰难的时刻，依然保持乐观，依然不言弃。

第六章

打造特斯拉，要颠覆就彻底颠覆

第一节
特斯拉的“三驾马车”

如今，纵观全球汽车界，最吸引眼球的莫过于特斯拉——这个被称为“下一个苹果”的电动汽车品牌，已经掀起了一场令人震撼的“特斯拉风暴”。作为特斯拉的创始人，埃隆·马斯克也被众多科技爱好者奉为乔布斯之后的新一代科技偶像，在人们眼中，他不但是出色的商业领袖，更是追求极致的完美主义者，是改变世界的人。

少年时代，埃隆·马斯克曾经一度痴迷于太阳能等清洁能源，也曾为二氧化碳的排放会导致温室效应并引发全球环境问题而担忧不已。随着年龄的增长,他渐渐形成了这样一种认知：为了减少汽车尾气的排放和对环境的破坏,应该普及电动汽车，取代燃油汽车。

对埃隆·马斯克来说，这只是一个设想而已。然而，另一个人却在认真地思考制造取代燃油汽车的电动汽车，他就是马丁·艾伯哈德。

马丁·艾伯哈德于1960年5月15日出生于美国加利福尼亚州的伯克利，1982年，马丁·艾伯哈德获得了美国伊利诺伊大学香槟分校颁发的计算机工程学士学位，仅仅在一年之后，他就从同一所学校获得了电气工程的硕士学位。马丁·艾伯哈德从小就是一个车迷，非常热衷于跑车，但他也有着强烈的社会责任感，对美国石油对中东的进口依赖以及全球气候变暖也有着深刻的担忧。

与埃隆·马斯克一样，马丁·艾伯哈德的骨子里也有着天生的创业者基因。他与创业伙伴马克·塔彭宁在1997年创办了新媒体公司，这家公司推出的产品叫作火箭电子书，堪称是世界上最早的一批电子书阅读器。然而，在当时那个年代，火箭电子书实在是过于前卫，所以很难获得消费者的青睐。但是它所具备的创新性却吸引了吉姆斯塔国际集团的注意，这家公司旗下拥有《电视指南》期刊，并掌握着电子节目指南技术。2000年3月，吉姆斯塔国际集团以1.87亿美元的价格收购了马丁·艾伯哈德的新媒体公司。

公司被收购之后，不安于现状的马丁·艾伯哈德开始寻找下一个创业项目。这时，他发现，在美国一些富豪家的停车场里，不但有各种各样的超级跑车，还有丰田混合动力汽车普锐斯。他想，这些有钱人之所以买普锐斯，肯定不是因为它便宜、省油，而是为了表达他们的环保理念。既然如此，为什么不干脆把跑车和新能源结合在一起呢？这种新型跑车有着天然的客户群——崇尚环保的富人阶层。

2003年7月1日，马丁·艾伯哈德与老搭档马克·塔彭宁一起创立了特斯拉汽车公司。他们把特斯拉的总部设立在美国加利福尼亚州帕洛阿尔托市。那时，美国汽车城底特律集聚着众多世界知名的汽车公司，而特斯拉却没有着陆在这个传统的工业城市，而是诞生于硅谷的中心地带。这让它从创业之初，就显示出了与众不同的特质。或许，特斯拉注定要成为底特律的挑战者。

特斯拉的颠覆性意义，还隐藏在"特斯拉"这个名字里，它取自伟大的物理学家尼古拉·特斯拉。尼古拉·特斯拉被认为是电力商业化的重要推动者，在电磁场领域有着多项革命性的发明，并因主持设计了现代交流电系统而广为人知。他的梦想就是给世界提供用之不竭的能源，而特斯拉公司的梦想则是利用这种能源，为人类提供便利。

马丁·艾伯哈德一直在寻求替代汽油车的解决方案。最初，他将目光投向了氢氧燃料电池，但是在经过深入研究之后，他发现这类电池实在是太稀缺了。真正引发他的兴趣的，是 AC Propulsion 公司推出的纯电动汽车 Tzero。AC Propulsion 公司创立于 1992 年，是由埃隆·库宁创办的不进行量产而是以设计为主的电动汽车公司。1997 年这家公司首次制造出 Tzero，这是一款纯手工制造的电动跑车。车身携带铅蓄电池，输出功率高达 150 千瓦，能在 4.07 秒之内将时速由 0 公里迅速提升至 97 公里。这款电动跑车拥有超高的行驶性能，刚一问世就在业内成了一个热门话题。

马丁·艾伯哈德曾经到 AC Propulsion 公司进行考察，并打算拿出五十万美元与这家公司合作，让他们为自己研发一辆使用锂离子电池而不是铅酸电池的电动汽车。同时，他还希望 AC Propulsion 公司改变现在的经营模式，从为业余爱好而生的小型车间，转型为规模化运营的商业公司。

AC Propulsion 公司毫不犹豫地拒绝了他的提案，不过，AC Propulsion 公司的创始人汤姆·盖奇却帮了马丁·艾伯哈德一个大忙——当他得知埃隆·马斯克对电动汽车技术也非常感兴趣的时候，就把埃隆·马斯克介绍给了马丁·艾伯哈德和特斯拉团队。

其实，从一开始，埃隆·马斯克就是马丁·艾伯哈德和马克·塔彭宁心目中理想的投资人之一。他们早就听说过埃隆·马斯克的故事，并且在几年前斯坦福大学召开的火星社区会议上与他有过一面之缘。在那次会议上，埃隆·马斯克还进行了一场演说，他提到的将老鼠送上太空的宏伟构想令马丁·艾伯哈德备感震撼。也正因为如此，在他的印象中，埃隆·马斯克是一位卓尔不群的人，在他看来，埃隆·马斯克一定会对电动车这个想法有独特的见解。

于是，在汤姆·盖奇的牵线搭桥下，马丁·艾伯哈德和马克·塔彭宁火速赶往洛杉矶，与埃隆·马斯克会面。

那次会面给马丁·艾伯哈德留下了深刻的印象，埃隆·马斯克向他们抛出了一大堆关于盈利模型的问题，马丁·艾伯哈德根本来不及思考，只是不停地回答、回答、再回答。埃隆·马斯克一直在沉思，并表示自己还要再考虑一下。

三天之后，埃隆·马斯克终于给了他们确切的答复："好吧，我决定加入你们。"

就这样，埃隆·马斯克、马丁·艾伯哈德和马克·塔彭宁成了特斯拉的"三驾马车"，在他们的引领下，特斯拉正在颠覆汽车行业的道路上一路疾驰。

一段曲折离奇而又惊世骇俗的硅谷创业故事终于拉开了序幕。

第二节
底特律的挑战者

特斯拉的成功靠的是什么？其实，它最核心的技术莫过于它独特的电池管理技术——将七千多块 18650 电池组合在一起，并通过芯片和感应器来管理这些电池。这些感应器可以对每块电池的电流、电压、温度进行监测，此外，还有专门的烟雾和湿度感应器，一旦电池出现什么异常，比如燃烧或遇水，就会在毫秒之间关闭电池系统，这极大地提高了电池的安全性和稳定性。

可以这样说，如果没有这种独特的电池管理技术，就没有今天的特斯拉汽车。

说到这里，不得不提到一个人，他就是特斯拉的首席技术官 J · B · 斯特劳贝尔，特斯拉的电池管理功臣。

第一次见到 J · B · 斯特劳贝尔的人都会注意到他左脸中间的那道长长的伤疤，这是他引以为傲的“荣誉勋章”。从很小的时候开始，J · B · 斯特劳贝尔就对化学有着浓厚的兴趣，他不像其他小男孩一样爱打闹戏耍，他童年的所有时间几乎都耗费在了化学药品和实验设备上。他还曾经在家里的地下室里建造了一个化学实验室，里面有一个橱柜，里面摆放着他从各个地方搜集来的化学制剂。上高中时，J·B·斯特劳贝尔最喜欢的科目是化学课。然而，在一次化学实验课上，他不小心把几种化学溶液混合在了一起，他手中的烧杯一下子爆炸了，有一枚玻璃碎片划伤了他的脸庞，给他留下了这道醒目的伤痕。

1994 年，J·B·斯特劳贝尔进入了斯坦福大学，在这里开始了自己的大学生涯。最初,他的梦想是成为一名物理学家，然而，在上了几次课后，他发现物理专业其实并不适合自己，因为物理专业的进阶课程太理论化了，而斯特劳贝尔更热衷于亲自动手实践。于是他开始学习软件和电力学相关课程，希望能够利用这些知识去控制能源。在他看来，这样的方式能够把他的兴趣联系到一起。

也正是从那时开始，J·B·斯特劳贝尔关注起了清洁能源。在当时，已经有很多公司在太阳能和电动汽车领域试水，希望能寻找到一些新的用途。J·B·斯特劳贝尔兴致勃勃地到这些公司考察，想方设法地结识一些优秀的工程师。与此同时，他还在一间简陋的车库里开始进行一些令人惊讶的发明。

2000 年，J·B·斯特劳贝尔把一辆花 1600 美元买来的破旧不堪的保时捷，改装成了电动汽车。这意味着他不但需要制作一个电动车控制器、从零开始制造一个充电装置，还得开发出用于驱动整台设备的软件系统。

不过，改装完成后，J·B·斯特劳贝尔突发奇想地驾驶这辆车去比赛，但这时，他发现了一个问题 :改装之后的这辆“电动保时捷”，尽管速度已经非常快了，但它的续航里程，却只有 30 公里左右，而比赛地点俄勒冈，却在 1300 公里之外。怎么办呢？

要解决这个问题，一般人通常会租一个拖车，把汽车拖到俄勒冈，然而不走寻常路的 J · B · 斯特劳贝尔，却想出了一个匪夷所思的方法。

他花了 500 美元，买了一辆大众汽车，然后把这辆汽车锯成了两半，因为车的后部有发动机和驱动轮，他就把这后半个大众汽车作为动力，安装在那辆要参赛的“电动保时捷”后面，他在前面的保时捷汽车上，则可以操纵后面的大众汽车引擎和后轮。J · B · 斯特劳贝尔用这样奇妙的方式，把参赛的保时捷汽车开到了参赛地点。这次参赛，他改装的保时捷创下了电动汽车加速性能方面的世界纪录——行驶 1/4 英里仅用了 17.28 秒。

从斯坦福大学拿到硕士学位之后，J · B · 斯特劳贝尔搬到了洛杉矶，一直在寻找自己心仪的工作。他先是去了罗森马达公司，这家公司建造了世界上第一辆混合动力交通工具。这是一辆装有飞轮和燃气涡轮的汽车，并由电动机驱动车轮转动。罗森马达公司倒闭之后，J · B · 斯特劳贝尔追随公司创始人、以发明地球同步卫星而闻名的工程师哈罗德 · 罗森，与他共同研发电动飞机。他们希望制造一架能在空中持续飞行两周、并且还能在某个指定地点上空盘旋的电动飞机。为了实现这个目标，他还在晚上和周末为一家创业公司做一些电子方面的咨询工作，从而维持自己的基本生活所需。

在斯坦福大学时，J · B · 斯特劳贝尔曾经加入了一个太阳能车团队，参与建造了太阳能汽车。这个团队里有很多叛逆的工程师，他们数年如一日地在斯坦福的一间“二战”时期留下来的活动房内研制太阳能汽车——屋子里充满了各种有毒的化学药品，但他们毫不在意。有一次，这个团队的几名工程师来洛杉矶拜访J·B·斯特劳贝尔，在他家的地板上，他们聊到了深夜。正是通过这次聊天，J·B·斯特劳贝尔意识到了锂离子电池的发展——就像团队的车子上配备的那种太阳能电池——已经超出了大多数人的想象。很多消费类电子产品，比如笔记本电脑，使用的就是18650锂离子电池，它的外观和AA电池很像，并且可以被串联在一起。J·B·斯特劳贝尔想，如果把一万块这样的电池串联起来会发生什么？其他人都进入了梦乡，他却一直在思考这个问题，越想越兴奋。

这之后，J·B·斯特劳贝尔就开始劝说太阳能车队，希望他们能与自己一起制造一辆靠锂离子电池驱动的电动汽车。他设想的设计方案是一辆超空气动力学汽车，电池占据了其80%的重量，看上去有点像一个装有轮子的鱼雷。谁都不知道J·B·斯特劳贝尔对这款产品有什么长远的打算，就连他自己也不知道。那时他只是想制造一辆概念车，让人们感受到锂离子电池的威力。

在J·B·斯特劳贝尔的软磨硬泡下，太阳能车队最终同意了他的计划，但他们要求他必须筹集到充足的资金。于是，J·B·斯特劳贝尔到处参加交易展览会，向人们派发关于自己想法的小册子，并且给所有他能想到的人发电子邮件。

几乎没人对他异想天开的计划感兴趣，他的小册子和电子邮件不是石沉大海，就是被无情拒绝。2003年秋天，情况终于发生了改变，这一年，他遇到了埃隆·马斯克。

哈罗德·罗森曾经想说服埃隆·马斯克投资自己的那个电动飞机的点子，为了能更好地向埃隆·马斯克介绍电动飞机，他特意带上了J·B·斯特劳贝尔。在发现埃隆·马斯克对电动飞机一点儿也不感兴趣之后，J·B·斯特劳贝尔向他展示了自己的非正式项目——电动汽车。

这个创意让埃隆·马斯克激动不已，这与他多年来的思考不谋而合。虽然埃隆·马斯克一直专注于在汽车上使用超级电容，但当得知这些年来锂离子电池在技术上取得的进步时，他感到既激动又惊讶。他马上决定向J·B·斯特劳贝尔投资。

从那时开始，这两个有着共同爱好、都想改变世界的人结下了深厚的情谊。因此，在投资特斯拉之后，埃隆·马斯克马上想到了J·B·斯特劳贝尔，他希望J·B·斯特劳贝尔能加入特斯拉的团队中。

得知马丁·艾伯哈德的故事之后，J·B·斯特劳贝尔对特斯拉产生了浓厚的兴趣，但心中同时也充满了怀疑。没有人比他更了解电动车产业的发展现状了，所以，他很难相信有一帮人能在这个项目上取得巨大的进展，而他也从来没有听说过任何消息。

2004 年 5 月，J·B·斯特劳贝尔来到特斯拉的办公室，与马丁·艾伯哈德会面，当场以 9.5 万美元的年薪被聘用了。

J·B·斯特劳贝尔加入特斯拉的时候，特斯拉连自己的厂房都没有，他不得不带着技术团队，在自己家的小池塘旁边，开始了电池管理系统的研发工作。 在研发的过程中，因为要进行各种严苛的测试，因此电池爆炸是司空见惯的事情，工程师们也经常会被炸伤、烧伤，至今在他家后院的地上，还到处能看到被烧灼的痕迹。

因此，J·B·斯特劳贝尔和他的团队首先要解决的一个问题，就是怎样防止电池爆炸起火，因为一旦发生这种情况，将带来灾难性的后果，而要解决这一问题，如何组合这些电池，并控制好电池温度成为关键。

他们一开始采取的做法，是把一粒粒电池用高强度胶粘在一起，做成一整块电池板。不过，有一天晚上，J·B·斯特劳贝尔回家以后发现，放在桌子上的这种电池板，竟然和桌子死死地粘在了一起，他觉得，这种用胶直接粘连电池的方法，会出现很多意想不到的麻烦，从而影响电池的安全性。因此，J·B·斯特劳贝尔改变了电池的组装方法——把原来的几千块电池，细分成十一个模块，而在每个模块里，则装有621粒电池，这种模块很像是酒架。这种处理方式，在安全性和易用性方面，都比之前的优越很多。

而接下来的问题，就是如何避免模块过热。开始的时候，他们利用空气冷却，毕竟，空气是免费的，所以成本可以大大降低，可对于如此多的电池，单靠空气冷却，效果非常有限，而锂电池对温度又非常敏感，如果模块内温度超过95度，电池寿命就会大大缩短。管道风冷，风扇风冷，还有歧管风冷等各种空气冷却方式，都一一试过后，他们最终不得不放弃空气冷却方案，转而采用水冷系统。而经过一系列反复摸索、研究后，他们终于创造出一套特有的水冷系统，通过这套系统，可以让每块电池都得到冷却。

如果在那时，有人从底特律来到特斯拉考察，一定会觉得难以置信。这家公司所拥有的汽车专业知识仅止于此：一帮汽车爱好者，还有一个做了不少项目的人，然而这些项目只是达到了科技展览的参展级别，并且在传统车行业的人看来，它们所依据的科技原理是非常荒谬的。除此之外，团队里没有一个人打算去底特律的传统汽车制造商那里寻求建议。相反，他们想要颠覆底特律的法则，成为底特律的挑战者。

不过，特斯拉相比于其他公司的独到之处在于，他们最先意识到 18650 锂离子电池的技术潜力，并且相信它的前景会越来越好。正是这一点，再加上他们持之以恒的努力和敢于创新的精神，成为这家公司成功的关键所在。

第三节
特斯拉的闪耀亮相

在埃隆·马斯克和他的团队的设想中，特斯拉最初的目标只是想生产一辆原型车。

什么是原型车？通常来说，指的是这个车型最早出现的版本或者雏形（同一品牌原有车型或其他品牌的对标车型），后来的车型基本都是按照这个原始版本来设计制造，要么是全盘照搬，要么是稍作改动，一般不会有太大改变。

要设计出原型车并不难，特斯拉可以将 AC Propulsion 公司推出的 Tzero 动力系统装进莲花 Elise 的车身。Tzero 是 AC Propulsion 公司推出的一款电动汽车，是非常高端的原型车，它是一辆组装车，拥有玻璃纤维的车体和钢制的车骨架。1997 年这款产品刚发布的时候，从起步加速到时速 97 公里仅需 4.07 秒。

J·B·斯特劳贝尔让 AC Propulsion 公司的负责人汤姆·盖奇找来一辆 Tzero 给埃隆·马斯克试驾。几乎在看到它的第一眼，埃隆·马斯克就爱上了这辆车，在他看来，这是一辆速度快到能让人尖叫的电动车。他希望特斯拉能够在 Tzero 的基础上生产出一款更酷炫的原型车，从而改变电动车在人们心目中无趣又笨重的形象。

在J·B·斯特劳贝尔的带领下，特斯拉团队很快就投入了 Roadster（他们给这辆期待中的原型车命名为“Roadster”）的研发过程中。他们没花多少时间就制订出了电动机的设计方案，并打算从美国或欧洲购买变速器，然后将其他的零件制造业务外包给亚洲的生产商。特斯拉的工程师们在大部分时间里只需要专注于研发电池系统，装配环绕车身的各种线路，以及切割并焊接各种金属材料，以便把所有部件整合在一起。工程师们痴迷于生产硬件。整个特斯拉团队把 Roadster 当作一个汽车改造项目——只需要两三名机械工程师，再加上几个装配人员就能完成。

为了完成这个项目，工程师们废寝忘食、夜以继日。他们买了一台蓝色的升降机，把它安装在厂房里，买了一些器械、手持工具，以及能让他们在晚上继续工作的照明灯，这大大提高了他们的工作效率。电气工程师认真地研究了莲花汽车的基础软件系统，想要弄明白它是怎样把踏板、仪表盘和其他机械装置联结成一个整体的。他们发现，那些真正高精尖的技术集中在电池组的设计上。在这之前，从来都没人尝试过将几百块锂离子电池并联在一起，因此，说特斯拉走在电池技术的最前端丝毫也不为过。

2005 年 1 月 27 日，这款在工程师们的通力合作下打造出来的原型车终于问世了。为了庆祝它的诞生，特斯拉召开了一次董事局会议，埃隆·马斯克坐在车里兴奋不已，恨不得马上开着它去兜风。他当即决定继续投资这个项目，并在不久之后又投入了 900 万美元。

顺利制造出原型车，并且攻破了电池难题后，埃隆·马斯克和特斯拉团队想，是时候在车上烙上特斯拉的印记了。他们决定对原型车进行改造，使其在外观上更加具有辨识度。但埃隆·马斯克并不满足于此，他在董事会会议上说道："我们只有一次机会来做这件事，最终的结果必须得让买车的人感到惊喜，而现在的莲花汽车在这方面做得还不够。"

特斯拉的 Roadster 跑车采用的是莲花汽车的 Elise 底盘，这个底盘完全能够满足特斯拉的工程用途，然而，却导致车身在形态和功能上都存在着严重的问题。Elise 的车门很低，只有三十厘米左右，这意味着乘客要想进到车里，要么跳进去，要么爬进去。而且，车身还需要加长，这样才能安装特斯拉的电池组和储物箱。除此之外，特斯拉更倾向于采用碳纤维而不是玻璃纤维制造 Roadster 跑车。因此，埃隆·马斯克对 Elise 底盘并不满意，他希望特斯拉生产的汽车能让人们坐着舒适、开着过瘾，而且实用性很强。

他的观念深深影响了特斯拉团队，他们先后对 Roadster 进行了多次改造，直到埃隆·马斯克满意为止。为了使 Roadster 跑车的外形达到埃隆·马斯克所提出的"酷炫"的标准，特斯拉团队聘请了几位设计师设计全新的外观造型。在从中选出一个大家最喜欢的造型之后，特斯拉先于 2005 年 1 月委托一家汽车模型生产商制作了一个 1 ∶ 4 的模型，又于 4 月制作了一个 1 ∶ 1 的模型。他们用闪亮的聚酯薄膜包裹在模型外面，然后使其处于真空状态，这时整个车身的轮廓便清晰可见，而且还有光影。这个银色的模型之后被相应地转化为数据模型，工程师们可以在电脑上对其进行操控。

在经过了一年的改造和完善之后，特斯拉的工程终于要告一段落了。2006 年 5 月，特斯拉团队打造了一辆黑色版本的 Roadster，他们把它称为 EP1 或者一号工程原型机。这辆车的建造完成，让特斯拉团队有了清晰的概念，现在，他们终于知道自己要制造什么样的产品了。一个月后，他们又制造出了另一辆红色原型车 EP2，作为黑色版本的补充。

看着摆在面前的货真价实的汽车，埃隆·马斯克意识到自己的设想终于变成了现实，同时，他也看到了特斯拉的辉煌前景。激动不已的他决定继续追加投资，又向特斯拉投入了 1200 万美元，其他投资人也跟着他的步伐，相继决定投资，包括德丰杰风险投资公司、优点资本、JP 摩根、指南针技术伙伴公司，还有尼克·普瑞兹克、拉里·佩奇和谢尔盖·布林，总投资达到了 4000 万美元。

埃隆·马斯克以及他的团队费尽曲折、耗费大量心血制造出的 Roadster 究竟是什么样的呢？

Roadster 是一款两人座的敞篷车，它拥有流线型的车体，超低的底盘就像是吸附在路面上一样，给人强烈的安全感。它采用 100% 电动化的设计，即使从车后面看，也不会发现排气筒这种影响汽车外观的装置。它的最大输出功率是 215 千瓦，最大扭矩为 370 牛·米，它可以和 4000 毫升的燃油汽车相匹敌，完全是高性能、高规格。

埃隆·马斯克最初的目标就是要打造一款人们极度想拥

有、对拥有的人很羡慕、拥有之后很自豪的电动汽车。他做到了。Roadster 正是一款这样的汽车。

2006 年 7 月，在圣克拉拉的一场展示会上，特斯拉的两辆原型车第一次亮相，吸引了无数目光，更吸引了媒体的闪光灯。

埃隆·马斯克也出席了这次展示会，在会上，他颇为骄傲地说道："在今天之前，之前出现的那些电动车都糟糕透顶。"

当时担任加州州长的好莱坞明星阿诺德·施瓦辛格兴致勃勃地前来试乘了这辆 Roadster 跑车。他从车里走出来，记者问施瓦辛格试驾的感受，施瓦辛格说："非常酷。电动车安静的感觉实在是太棒了，起步的时候我没有听到一点声音。我要买一辆，送给我妻子作生日礼物。"而后，施瓦辛格又发表了讲话："每个行业都该参与对抗地球变暖，这些清洁、高效的替代燃料汽车，正在领导着这场环境革命。"

根据美国环境保护局的独立分析，Roadster 0 至 60 英里加速时间仅为 4.07 秒，最高时速 125 英里 / 小时，最大功率为 288 马力，每单次充电可行驶 393 公里，轻量化车身是由碳纤维制成。跑车没有尾气排放，因为它没有使用内燃机。单从汽车性能的一系列参数来看，Roadster 丝毫不逊色于 3.0T 或 4.0L 级别的豪华跑车，它一问世就成为全球最快的电动跑车。

Roadster 的横空出世，在人群中引发了一场"特斯拉风暴"，无数人为了它来到展会上。主办方不得不恳请特斯拉再派出一辆 Roadster 来参展，并且承诺免除展示过程中涉及的全部费用。于是，特斯拉在会场内搭建了一个大型展台，人们接踵而至，展台前面人山人海，其中有些亿万富翁当即签下了 10 万美元的支票预订 Roadster 汽车。据说，在那次展示会上，有三十个人当场承诺将购买 Roadster 汽车，其中包括谷歌的联合创始人拉里·佩奇和谢尔盖·布林。

与此同时，媒体也对特斯拉进行了详细的报道，马丁·艾伯哈德在《纽约时报》上宣布：乐观估计第一批 Roadster 将在 2007 年年中交货，而不是之前计划的 2006 年年初。同时，他还公开了特斯拉的商业策略：从少量高价产品入手，然后随着核心技术水平和制造能力的进步，逐渐向大众负担得起的车型过渡。

对特斯拉来说，这篇报道是一次非常有力的宣传，然而埃隆·马斯克在看了报道之后却有些不满，因为报道中几乎没有提到过他，就仿佛他根本不重要一样。

初次亮相大获成功之后，特斯拉开始频繁地参加类似的展会，越来越多的人关注起这款与众不同的新型跑车。风险投资人、社会名流，还有特斯拉员工的朋友们开始试着通过花钱来购买预订汽车的名额。

有一些科技富豪甚至通过“走后门”的方式要求买一辆车，比如企业家康斯坦丁·奥斯莫和布鲁斯·里克。他们是埃隆·马斯克的朋友，早在他在火箭科学游戏公司实习的时候，他们就熟识了。为了得到购买 Roadster 的机会，他们直接找到了埃隆·马斯克，但埃隆·马斯克却建议他们花 10 万美元加入他们的俱乐部，作为俱乐部的会员，能够享受到的福利之一就是免费得到一辆车。

第四节
与马丁·艾伯哈德的纷争

亿万富翁、明星和社会名流的推崇为特斯拉赢得了更多的关注，但却不能解决公司高层内部的纷争。作为联合创始人，埃隆·马斯克和马丁·艾伯哈德之间的矛盾日益激化，渐渐到了不可收拾的地步。

到 2007 年年中的时候，特斯拉的员工总数已经从刚创立时的十几位增加到了将近三百名，特斯拉最初的目标已经实现——他们从零起步，经过一步步的摸索和积累，终于生产出了世界上速度最快、造型最时尚的电动车。

原型车有了，接下来摆在他们面前的任务，就是量产。对于埃隆·马斯克来说，没有什么比投产更紧迫。

谁都知道这个过程将会是无比艰难的,但他们没想到的是，这几乎让特斯拉公司濒临破产。

埃隆·马斯克和特斯拉的其他高层管理者们在创业初期犯了一个极其严重的错误——他们对 Roadster 的变速系统做出

了错误的假设。他们一直将最大的精力投入到让 Roadster 在最短的时间内从起步加速到每小时 60 英里，希望 Roadster 能在速度方面引人注目，并给驾驶者最好的驾驶体验。

为了实现这个目标，在经过深思熟虑之后，特斯拉的工程师们决定采用一种两挡变速器，这是汽车内部将动力从发动机传送到轮胎的必要变速系统。第一挡的变速齿轮能够让汽车在 4 秒内从起步加速到时速 60 英里，第二个变速齿轮则继续将车子加速到时速 130 英里。

他们原本以为变速器的生产会是 Roadster 制造进程中比较顺利的一个环节，因为变速系统的生产技术已经非常成熟，生产一个这样的两挡变速器对专业公司来说是轻车熟路的事。

然而，令他们惊讶的是，他们的第一个变速箱只运行了 40 秒就“罢工”了，因为它无法适应从第一挡变速齿轮到第二挡变速齿轮之间的落差。

为了解决这个问题，工程师们四处寻找合适的承包商，希望经验丰富的变速系统专家能在最短的时间里为他们设计一个替代品。但承包商不会为了硅谷的一家名不见经传的小公司来动用他们的顶尖团队。新的变速系统与旧系统相比，并没有什么改善。在测试过程中，特斯拉的工程师们发现，依然问题重重。

特斯拉团队原本制定的交货期为 2007 年 11 月，然而，变速系统的问题却一直令他们焦头烂额，这个问题得不到解决，交货期只能一推再推。到了 2008 年 1 月，工程师们不得不从零开始，投入全部精力解决变速系统的问题。

特斯拉面对的问题不止于此，还有电池生产的难题。特斯拉选择了一家泰国公司作为自己的合作伙伴，他们原以为这家电池工厂有足够的能力生产他们需要的电池。然而，工程师们来到泰国之后马上傻了眼，他们看到的生产车间只是一块混凝土地板上由几根柱子支撑起一个顶棚。

更令他们难以置信的是，因为当时正值夏天，天气炎热，为了通风，生产车间通常是敞开的，在这样的温度条件下，生产一些日用品或许是可以的，但生产电池和其他电子器件却根本不可能。这些敏感的电子元件在碱性的、过于潮湿的环境中会被腐蚀。在他们的强烈要求下，合作方紧急为这家工厂建起了干燥的墙壁，在地面上刷了一层涂料，还建造了几间可调控温度的储藏室。

工程师们的苦恼远没有结束，接下来他们还对泰国工人进行了一段时间的培训，几乎手把手地教他们妥善处理电子元件。

生产过程中的各个环节接二连三地出现问题，使埃隆·马斯克再也无法忍受，他开始对马丁·艾伯哈德的管理方式产生了一些质疑。为了改善这个问题，他让一个中间人介入了此事，这个中间人是私募基金 Valor Equity。这是一家位于芝加哥的投资公司，致力于为企业优化生产方案。

Valor Equity 对特斯拉的电池和动力系统非常感兴趣，一直关注着特斯拉的运营。同时它也是特斯拉的投资人之一，为了使自己的投资不至于打水漂，这家公司派来了运营管理总监蒂姆·沃特金斯，来帮助特斯拉解决生产过程中存在的种种问题。

蒂姆·沃特金斯是一位土生土长的英国人，拥有工业机器人和电子工程学位，工作经验非常丰富，极其善于解决企业的疑难问题。在特斯拉公司，他花了一个月的时间与基层员工们进行交流，并对特斯拉供应链的每一个环节进行调查，想尽自己所能了解生产一辆 Roadster 到底需要多少钱。

蒂姆·沃特金斯发现，在降低员工成本方面，特斯拉做得还是值得称道的。他们只聘用年薪较低却充满工作热情、干劲十足的斯坦福大学应届毕业生，而不会选择那些已经在行业里颇为知名的人，因为这些人不但要求高薪，还不会像年轻人那样拼命工作。不过，在设备和原材料方面，特斯拉的开销却非常大。大家都不喜欢使用公司的记账软件，所以有些人用，有些人不用。那些使用记账软件的人经常犯一个严重的错误：他们会用原型车某个部件的单价去预估大量购入时的折扣，而不是去和卖方实地商定一个可行的价格。在某个时间点，这个软件显示每辆 Roadster 的成本大约为 6.8 万美元，也就是说，特斯拉销售一辆汽车就能赚到 3 万美元。几乎人人都知道这个数字是错的，然而他们却不会对其进行纠正，而是一次又一次地将这个数据汇报给董事会。

蒂姆·沃特金斯的调查结果显示，生产一辆 Roadster 的成本可能高达 20 万美元，而特斯拉预期的售价只有 8.5 万美元。对这个天文数字，埃隆·马斯克并不意外，他早就对昂贵的制造成本做好了充分的心理准备，但他坚信，有朝一日，随着生产计划步入正轨和销量不断提高，汽车的成本一定会逐渐降低。不过，他却因此对马丁·艾伯哈德有了一些意见，认为他应该对成本不断飙升负主要责任。

此时的马丁·艾伯哈德正在尽自己所能尝试着把特斯拉团队从泥潭中拉出来。

有一次，他去听了被称为“风险投资之父”的约翰·杜尔的一场演讲。在演讲中，约翰·杜尔向大家宣布，他会把自己的时间和金钱全部投入环保事业，试图在全球变暖的热潮中拯救地球，因为这是他亏欠他孩子们的。马丁·艾伯哈德深有感触，离开会场后，他马上回到了特斯拉总部，把员工召集起来，进行了一次相似的演讲。他把自己孩子的照片投影在主车间的墙上，然后问特斯拉的工程师为什么他要放这张图片，有人猜是因为像他女儿一样的人会喜欢开特斯拉。马丁·艾伯哈德摇摇头，回答说："不，我们现在之所以要制造这辆汽车，是因为等到我女儿长大了，到了开车年龄的时候，她对于汽车的认识将会和我们今天的认识完全不同，就像现在我们会认为电话不应该是挂在墙上并且带有一根电话线一样。未来和你们手中的工作息息相关。"之后，马丁·艾伯哈德向几位核心工程师表示感谢，赞扬了他们付出的努力。那时，特斯拉的很多工程师不得不彻夜不眠地工作，所以马丁·艾伯哈德的演讲使他们深受鼓舞。

不过，尽管马丁·艾伯哈德非常擅长鼓舞人心，却依然无法打消人们因为特斯拉一再推迟工期而产生的质疑和担忧。就连深受他鼓舞的员工们，也纷纷认为，马丁·艾伯哈德作为一名工程师的确是非常出众的，但他并不适合做特斯拉的首席执行官。事实上，在他执掌特斯拉大权的这些年里，马丁·艾伯哈德渐渐使特斯拉变成了一个狂热崇拜工程师精神的组织，但公司的其他方面却被忽视了。

正因为如此，埃隆·马斯克并不相信马丁·艾伯哈德有能力引导特斯拉从研发阶段进入生产阶段。除此之外，埃隆·马斯克和马丁·艾伯哈德在设计细节上也一直存在着分歧，他们在理念上有着很大的差异，只不过一直以来，两个人都刻意维护着彼此之间的关系，不愿意撕破脸皮。

然而，在蒂姆·沃特金斯揭露了 Roadster 的真实成本之后，埃隆·马斯克再也不愿意粉饰太平了。他认为，是因为马丁·艾伯哈德在管理公司方面存在着严重的失误，才导致成本飙升到这么高的地步。而且，他还认为马丁·艾伯哈德故意对董事会隐瞒事态的严重性，这种欺骗是他无法容忍的。

埃隆·马斯克马上给马丁·艾伯哈德打电话，在与他进行了一场颇为尴尬的沟通之后，通知他一个坏消息——他已经被撤换了。

失去首席执行官一职的马丁·艾伯哈德被降职为技术总裁，对此，马丁·艾伯哈德极为不满。为了发泄心中的愤怒，他到处捣乱，在公司四处煽动大家的负面情绪。这对特斯拉团队来说无异于雪上加霜，因为那时他们正在为结束研发工作而殚精竭虑，资金也马上就要用完了，所有人都被逼到了悬崖边上，情绪都处于极不稳定的状态。

到 2007 年冬天，马丁·艾伯哈德依然难以化解心头的怨恨。特斯拉的员工们也陷入了两难的境地，他们不得不做出选择——到底是站在埃隆·马斯克这一边，还是站在马丁·艾伯哈德这一边?

2007 年 12 月，心灰意冷的马丁·艾伯哈德决定彻底离开特斯拉，他在自己的声明中说道："我与特斯拉汽车公司不再有任何关系了——无论是董事会也好还是任何形式的其他职位也好……我不满意我所受到的待遇。"

而埃隆·马斯克也做出了回应，他给硅谷的一份报纸写信说：“我很抱歉，事情发展到了这一步，我极不愿意看到这一幕。这与我们两人之间性格差异无关，因为马丁调任顾问的角色是董事会一致决定的。特斯拉有许多公司运营方面的问题需要解决，如果董事会认为马丁能够在某些解决方案中发挥作用，那么他现在仍然会是公司的一名员工。”

马丁·艾伯哈德离开特斯拉之后，特斯拉混乱的局面并没有因此而结束。相反，两位创始人之间的矛盾在社会上全面公开，成为美国科技圈热议的花边八卦。2009 年 5 月，马丁·艾伯哈德将埃隆·马斯克告上了法庭，指控埃隆·马斯克以欺诈为名对他进行诽谤，以及侵占特斯拉公司资产。

面对法院送来的传票，埃隆·马斯克毫不在意，他还扬言道：“如果艾伯哈德的头脑能够保持冷静的话，我当时肯定会原谅他的错误。”

第五节
寻觅首席执政官

马丁·艾伯哈德离开特斯拉之后，一个棘手的问题摆在埃隆·马斯克的面前，那就是寻找新的首席执行官。

谁才是合适的继任者？埃隆·马斯克为此焦头烂额，特斯拉的董事会也未能给出好的建议。最后，他们决定任命迈克尔·马克斯为公司的临时首席执政官，对公司事务进行管理。迈克尔·马克斯曾经就职于世界知名的电子产品供应商伟创力公司，是这个行业中的领军人物。他在处理复杂的制造业务和物流问题方面有着丰富的经验。埃隆·马斯克希望迈克尔·马克斯能带领着员工们完成特斯拉之前已经接受的 Roadster 订单，把 Roadster 交到客户手中，直到他找到能够将特斯拉引领到下一个阶段的首席执行官为止。

新官上任三把火，迈克尔·马克斯烧的第一把火是召开员工大会，把特斯拉公司的员工们召集起来，并把他们面临的问题一一罗列出来，然后再决定某个具体的问题由谁来负责解决。

这次会议开得很不顺利，迈克尔·马克斯发现，几乎每次讨论都很难顺畅地进行到底，人们往往会纠结于一次实验要花费多长时间，找出制造的问题需要多少天、需要多少费用等问题，却没人关注问题的本质。

迈克尔·马克斯开始尝试着找出特斯拉的问题，并在困扰着 Roadster 的问题中找出哪些问题是需要优先解决的。他还在最短的时间里为公司制定了一些基本的规章制度，比如要求员工们在同一个时间出现在办公室——这在很多公司来说是必须做到的事情，然而在硅谷随时随地工作的文化氛围中，却是一件非常棘手的事情。但在迈克尔·马克斯看来，按照规章办事是很有必要的，这会大大提高特斯拉的生产力和工作效率。

事实证明他是对的。没过多久，他的策略就开始发挥作用。团队的工程师们终于不再被办公室政治而困扰，而是再一次专注于制造 Roadster。

不过，迈克尔·马克斯和埃隆·马斯克也并非合作无间，他们在公司的管理方面也存在着一些分歧。

此时的特斯拉公司已经搬到了位于圣卡洛斯冰大道 1050 号的一个更大的工厂里。这样，特斯拉就能把电池业务从亚洲搬回总部，同时也能从事一些 Roadster 的生产工作，并因此缓解了供应链上的问题。

所有的一切都表明，作为一个汽车公司，特斯拉正在逐渐成熟起来。然而，它作为创业公司的本质却丝毫没有改变。有一天，迈克尔·马克斯去生产车间视察时，发现升降机上竟然有一辆戴姆勒 Smart 轿车。他惊讶极了，立刻找来员工了解情况，这才得知，埃隆·马斯克有一个关于 Smart 的编外小项目，想看看它变成一辆电动汽车时会是什么样子的。这种无视规章制度的行为令迈克尔·马克斯非常不满，尽管这项 Smart 计划最终促使戴姆勒购买了特斯拉 10% 的股份。

在公司的愿景方面,两个人的理解也截然不同。迈克尔·马克斯希望把特斯拉发展成为一个资产实体，这样等到它羽翼丰满之后，就可以被大型汽车公司收购。从现实的角度来说，这个计划是切实可行的，而被收购也是大部分创业公司最好的归宿。在运营伟创力公司的时候，迈克尔·马克斯曾经负责监管一个庞大的全球供应链，对制造业的发展要面对什么样的困难了如指掌。正因为如此，在他看来，特斯拉一定正站在悬崖边上，马上就要崩溃。这家公司甚至连唯一的产品都做不好，资金随时会大量流失，并且已经错过了一系列的交货期限。而特斯拉的工程师们竟然还在做一些无关的实验。最理性的选择就是，尽可能让特斯拉看上去还不错，帮它找一个好的买家，这样做才能使公司的投资者们避免遭受重大损失。

然而，对把特斯拉精心“打扮”一番待价而沽的做法，埃隆·马斯克并不赞同。当初他之所以会投资创业特斯拉，是为了引起汽车行业的关注，迫使人们重新审视电动汽车。从某种程度上来说，特斯拉是埃隆·马斯克的一个梦想承载体，所以，尽管他们的产品一再错过了指定的交货期限，而且还大大超出了预算，看上去似乎一切都不对，但他从来都没有想过要把特斯拉卖掉，更不想通过与其他公司合作而失去对特斯拉的控制权。

当埃隆·马斯克发现迈克尔·马克斯与自己存在着理念上的根本差异后,他又开始为特斯拉寻找新的首席执行官。最终，他把目光锁定到了半导体单片存储器公司的创始人格夫·迪罗里的身上。

格夫·迪罗里在高新技术行业摸爬滚打了很多年，既有丰富的创业经验，也不乏管理实战经验，在埃隆·马斯克看来，是一个不错的人选。

然而，格夫·迪罗里的走马上任并没有给特斯拉带来什么改变，特斯拉的员工们对格夫·迪罗里也并不信任。格夫·迪罗里比最年轻的特斯拉工程师要年长十多岁，与他们之间存在着严重的代沟，他很难激发起员工的工作激情。

但不受欢迎的现实并没有阻碍格夫·迪罗里在公司内部大刀阔斧地进行改革。为了改善特斯拉的现状，格夫·迪罗里采取了一系列措施。他对公司员工的业绩进行了实际的评估，那些业绩较差的员工很快就被辞掉了，这次裁员的人数占总员工的 10%，就连一些从公司刚成立时就为公司效力的老员工也未能幸免。不但如此，格夫·迪罗里还对公司财务进行了整顿，网络媒体将此称为特斯拉的“家庭纠纷”。

格夫·迪罗里接二连三的改革使特斯拉内部弥漫着一种不安的氛围，员工们人人自危，对格夫·迪罗里也颇多怨言。在 Roadster 的开发现场，混乱的状态被一种新的措施改变，但新的措施要在现场实施并完成目标，预计还需要几个月的时间。而且，即使迪罗里有一套管理公司的理论，但想要掌好曲折前进中的特斯拉公司的舵也并不是一件容易的事。

所幸的是，格夫·迪罗里得到了埃隆·马斯克的支持。作为特斯拉的董事长，埃隆·马斯克反省说：“去年没能控制公司资金的周转率。”然后，他强调了改革的决心是多么坚定，“我们董事会为了改善这种状况，决定更新管理层。”

埃隆·马斯克还用实际行动表示了自己对内部改革的支持，他开始增加自己的曝光率，试图通过自己的努力来平息媒体对特斯拉的各种负面报道。他频频在杂志、电视、网络上亮相，发表声明、接受采访，并向客户承诺 Roadster 将会在 2008 年年初交货。他开始畅谈一辆代号为“白星”的汽车——Roadster 的代号为“暗星”——这是一辆售价约为 5 万美元的房车。特斯拉还会有新的工厂用于生产这些汽车。

“因为最近特斯拉的管理层发生了一些变动，所以，我们需要给人们吃一颗定心丸，让大家对我们未来的计划有信心，”埃隆·马斯克曾经在自己的一篇博客文章中这样写道，“我们短期内的目标是简单而明确的——明年我们会把一辆超赞的跑车交到客户手中，他们会爱上它的。我们 VIN 1 批次的产品已经从英国的生产线上下来，正在为进口做准备。”

虽然那些对 Roadster 期待已久的客户们对特斯拉一而再、再而三地错过发货期非常不满，但当他们感受到埃隆·马斯克对产品的热情和坚定时，他们心中的质疑也不由自主地一扫而空了，显然，埃隆·马斯克的热情也传递给了他们。

最终，只有极少数客户要回了他们的预付款，更多的人选择了继续等待。

第七章

现实版“钢铁侠”的艰难时刻

第一节
镁光灯下的“钢铁侠”

《钢铁侠》是美国漫威影业出品的一部科幻冒险电影，男主角是一位叫作托尼·斯塔克的工业家、发明家，他惨遭阴谋绑架，被迫制造最致命的武器，但身受重伤的他却暗中制造了一套高科技盔甲，保护自己逃生，从此变身超级英雄“钢铁侠”，担负起保卫地球的重任。

而埃隆·马斯克就是一个现实版的“钢铁侠”，他的故事比科幻电影还要精彩。这部电影的导演乔恩·费弗洛曾经说过，当他看到剧本的时候，脑子里第一个浮现出的形象就是埃隆·马斯克。就连“钢铁侠”的扮演者小罗伯特·唐尼也曾经拜访埃隆·马斯克和他的火箭工厂，想通过体会埃隆·马斯克的人生来寻找灵感。

2007 年 3 月，小罗伯特·唐尼来到 SpaceX 总部，埃隆·马斯克亲自接待了他，并陪着他一同参观了 SpaceX。埃隆·马斯克曾经给大家分享过一个有趣的小插曲：小罗伯特·唐尼去

SpaceX 找自己的时候，办公室里的那些原本沉稳、严谨的工程师们，马上摇身一变，成了疯狂的粉丝。

SpaceX 宏伟而奇幻的景象，令小罗伯特·唐尼震撼不已。身处其中，他只有一个感觉：这是一家不同凡响的公司，也是一家伟大的公司。第一次参观，他兴致勃勃而去，又兴致勃勃而回。他还向导演建议，影片中休斯工厂的布景可以参照 SpaceX 工厂。而且，他还要求导演在托尼·斯塔克的工作室里放上一辆特斯拉 Roadster。这辆车不但会让托尼·斯塔克看上去就像是个走在潮流尖端并且人脉广阔的人——因为他能够在正式开售之前就得到一辆 Roadster，更重要的是，这辆车子被摆放在距离托尼·斯塔克桌子最近的位置，暗示着电影演员、电影角色和埃隆·马斯克之间的密切联系。

《钢铁侠》上映之后，导演乔恩·费弗洛在接受采访时说，埃隆·马斯克是小罗伯特·唐尼诠释托尼·斯塔克这个角色的灵感来源。这句话引起了媒体对这个现实版“钢铁侠”的广泛关注，从那之后，埃隆·马斯克几乎生活在镁光灯下，他在公众面前的曝光率也与日俱增。

鲜花、掌声环绕的生活令埃隆·马斯克陶醉不已，他的自尊心得到了极大的满足，同时，这也为他的生活带来了更多的乐趣。他不再只结交那些与他一样的科技精英，朋友圈里还多了一些好莱坞明星、时尚界人士的身影。他和妻子有时会住到位于美国密歇根州的一栋乡间小别墅里，在那里，他们与音乐制作人昆西·琼斯、视频制作人乔·弗兰西斯等毗邻而居。或许是受到了这些邻居的影响，埃隆·马斯克对电影的兴趣日益浓厚，他甚至还找到了在 PayPal 时的几位搭档，合伙投拍了电影《感谢你吸烟》。电影里，埃隆·马斯克的私人飞机还亮了亮相。

埃隆·马斯克原本是个对社交并不热衷的人，但这一时期的他却频频流连于好莱坞的各个酒会、晚宴。他的夜生活比以前丰富了很多，在各个高端夜总会里，他总是会被安排在最好的位置上。

热衷于“造星”的媒体已经很长时间没有遇到像埃隆·马斯克一样令人兴奋的“偶像”了。几次创业的先后成功，令这位互联网巨子看起来更加光彩夺目。然而，埃隆·马斯克却总是有意无意地保持着一种神秘感，令人捉摸不透。他听上去有些奇怪的名字，以及他不惜投入巨额资金研发宇宙飞船和电动车的大胆、超前行为，让所有人都感到震惊并为之折服。“有人形容埃隆·马斯克为‘一半花花公子，一半宇宙牛仔’。他收藏的汽车令这一形象更加深入人心。他有一辆保时捷 911(涡轮增压)、一辆 1967 系列捷豹、一辆哈曼宝马 M5，还有一辆迈凯伦 F1，马斯克曾经开着它在一条私人飞机跑道上飙到时速 215 英里,”一位英国记者在 2007 年写道，“此外，他还有一架前苏联军用飞机 L39，在他为人父之后卖掉了。”媒体发现埃隆·马斯克总是喜欢提出一些宏伟的设想，尽管他的承诺往往只是空头支票，但媒体依旧非常喜爱马斯克，因为他所谈论的话题远比其他人要宏伟得多。特斯拉成了硅谷博主们的宠儿。博主们时刻关心着特斯拉的动向，任何风吹草动都能让他们激动不已。同样，追踪 SpaceX 的记者们也无比兴奋，因为这家年轻、充满活力的公司触怒了波音、洛克希德，甚至令美国国家航空航天局蒙羞。埃隆·马斯克所做的只不过是将他投资的奇思妙想推向市场。

比埃隆·马斯克更享受这种生活状态的，是他的妻子贾斯汀·威尔逊。这时的贾斯汀·威尔逊已经成为一个颇有名气的科幻小说作家。她专门开了一个博客，博客里的文章大多是关于他们的家庭生活以及各种奇特经历的。比如她曾经写道：埃隆·马斯克在和她讨论《阿奇漫画》的时候，说想和其中的漫画角色维罗尼卡上床，并且他希望有机会可以去一次儿童游乐餐厅“查克奶酪”吃饭。而在另一篇博客中，她写道：自己在一个俱乐部里遇到了好莱坞明星莱昂纳多·迪卡普里奥，莱昂纳多·迪卡普里奥向她提出能否送自己一辆免费的特斯拉 Roadster，被她拒绝了。

埃隆·马斯克的知名度越来越高，贾斯汀·威尔逊的博客也受到了越来越多的关注，她的粉丝数量与日俱增。通过她的博客，人们能窥见这位令人艳羡的亿万富翁的私生活，比如他送给妻子一本 19 世纪出版的《傲慢与偏见》，他的好朋友们为他起外号叫“天才埃隆”，以及他总喜欢因为一些非常怪异的小事和别人打赌，但是赌注却只有一美元。

贾斯汀·威尔逊的博客极大地满足了人们的好奇心，然而，他们都没有想到的是，她公开的私人生活在不久后的一天会成为埃隆·马斯克的噩梦。

第二节
深陷事业低谷

一时风头无两的埃隆·马斯克，沉浸在世人的关注和媒体的一片吹捧声中，却丝毫没有察觉到，危机正一步步向他逼近。

SpaceX 和特斯拉接连出现了问题：原本信心满满的“猎鹰 1 号”发射，连续遭遇失败，而特斯拉的财务报告也越来越难看。为了这两个项目，埃隆·马斯克投入将近一亿的资金，然而，如今这一亿资金都已经被耗尽了，项目却始终停滞不前，这是他万万没有想到的。

更让埃隆·马斯克苦闷不已的是，当特斯拉一而再、再而三的延期交货演变成为一场公关危机的时候，埃隆·马斯克身上的光环也随之消失得无影无踪了。媒体开始谈论埃隆·马斯克那打了水漂的巨额投资，那些就在几个月之前还对埃隆·马斯克极尽吹捧、溜须之能事的记者们也开始对他进行负面报道。《纽约时报》对特斯拉的变速系统大加挞伐，汽车网站嘲讽特斯拉 Roadster 出厂的日子遥遥无期。

到了 2007 年年底，一切向着更加糟糕的方向发展。“硅谷八卦”是硅谷广为人知的八卦网站,无数人关注它的科技八卦，作为茶余饭后的谈资。这一年，这家八卦博客突然把视线转移到了埃隆·马斯克身上，开始挖掘他的过去。“硅谷八卦”的首席作者欧文·托马斯对 Zip2 和 PayPal 公司的历史进行了深挖，了解到埃隆·马斯克作为创始人曾经被董事会从公司驱逐，便津津乐道地进行了爆料。在他的爆料文中，他把埃隆·马斯克描述成为一个肆意挥霍别人资产的职业操盘手：“埃隆·马斯克能够实现部分童年幻想是一件值得高兴的事，然而，事实是，他正在亲手毁掉他的梦想，因为他不愿意向现实中的制约条件妥协。”这桩往事被爆出之后，埃隆·马斯克受到了沉重的打击，他作为创业家的信誉度大大降低。

“硅谷八卦”不但曝光了埃隆·马斯克不愿谈及的过去，还把特斯拉 Roadster 评为 2007 年科技公司最失败的项目。

谁也不知道埃隆·马斯克是如何熬过 2007 年的寒冬的，但煎熬远没有结束。当时间的车轮跨过 2007 年走向 2008 年时，埃隆·马斯克的生活不但没有任何好转的迹象，反而还变得更加动荡不安。

特斯拉的 Roadster 项目不得不从头开始做起，虽然制造成本通过与多家供应商协调后降低到了约 9.5 万美元，但是，这并没有使特斯拉的资金状况得到根本好转。公司账上的现金一度只剩下不到 50 万美元了，就连给员工们发工资都成了问题。嘲讽声继续如潮水一般向埃隆·马斯克涌来，很多人甚至奚落他根本就是汽车业的门外汉，落到这种地步完全是咎由自取。

而“猎鹰 1 号”正在夸贾林环礁上等待着下一次发射，

SpaceX 的工程师们正在这个与世隔绝的小岛上夜以继日地进行着准备。

这些项目就像海绵吸水一样，源源不断地吸收着埃隆·马斯克的资金。巨大的压力令埃隆·马斯克困顿不已，但尽管如此，他并没有倒下。有一天，他站在特斯拉的办公室里，环顾四周，对员工们说："要么我自己投钱进去，要么公司倒掉，我不会马后炮地说如果我之前做了什么，现在就不会这样。"为了继续支撑 Roadster 的研发、生产和"猎鹰 1 号"的发射，埃隆·马斯克甚至变卖了自己视若珍宝的迈凯伦跑车和其他私人财产，从而换取更多的资金。

他还亲自监管公司里每一笔大型支出，并且鼓励员工们好好工作，不必为资金而忧心。与此同时，埃隆·马斯克也开始训练自己的手下们在金钱和效率之间做出更为妥当的选择。这对于 SpaceX 的员工而言，可不是一件容易的事，毕竟，传统的航天公司总是能从政府得到大笔资助，这些公司的雇员们是从来不会感受到生存压力的。但如今一切都不同了，当金钱和效率只能取其一时，他们必须学习如何权衡。

2008 年，次贷危机引发了雷曼兄弟破产，经济危机从美国发源，继而蔓延到了全球。在这种不景气的大环境之下，特斯拉也深陷泥潭之中。迟迟无法交货，令那些已经交了预付金的客户们非常不满。此时的美国人在雷曼兄弟破产带来的信用不安中徘徊，如果这时特斯拉倒闭，那么用户预付给特斯拉的订金岂不是要打水漂了？不安的气氛开始氤氲起来。外界开始纷纷猜测："特斯拉公司危机重重？""特斯拉公司是不是要倒闭了？"久而久之，越传越真的谣言和猜测开始流传开来。

这一年 2 月，埃隆 · 马斯克进行了第五次融资。虽然周围充斥着关于特斯拉和埃隆 · 马斯克的流言蜚语，但这次融资仍然高达 4 000 万美元。毫无疑问，这次融资充分证明了投资者对埃隆 · 马斯克的信任。不过，实际情况却像拔河比赛一样艰难。融资结束之后，埃隆 · 马斯克说出了自己内心的苦闷 ："在通用汽车和克莱斯勒汽车都渐渐走向倒闭的时候，一个新兴电动汽车制造商想要筹集资金，简直比登天还难。"

硅谷是一个神奇的地方，它能够在一夜之间创造奇迹，也能够在一夜之间让所有奇迹都像肥皂泡一样破灭，然后被世人渐渐遗忘，此时的埃隆 · 马斯克就已经站在了这个十字路口。后来，他回忆当时的彷徨与不安，曾经说道 ："有一瞬间，我觉得一无所有。"

在这段难熬的时光里，陪伴埃隆 · 马斯克渡过难关的，是他所热爱的书籍。《富兰克林自传》及沃尔特 · 艾萨克森撰写的《乔布斯传》，成了陪伴埃隆 · 马斯克的两剂良药。

第三节
婚姻危机

SpaceX 连续多次发射火箭失败、特斯拉濒临倒闭边缘……深陷事业低谷的埃隆·马斯克焦头烂额。如果这算是上天对他的考验的话，那么，这个考验才刚刚开始。他与贾斯汀·威尔逊的婚姻危机，使他原本就困顿的生活更加火上浇油。

长子的夭折一直令贾斯汀·威尔逊痛苦不已，差不多整整一年的时间里，她都情绪低落，精神也一直非常恍惚。不过，埃隆·马斯克却因为忙于工作，始终没有发现妻子的这种状态。

为了从痛苦中解脱出来，贾斯汀·威尔逊决定尽快怀孕。为了提高效率，她和埃隆·马斯克选择了试管婴儿。很快，她就诞下了一对双胞胎，埃隆·马斯克给他们取名格里芬、泽维尔。2006 年年底，他们又迎来了三胞胎——凯、达米安和萨克逊。

但孩子们的到来并没有使贾斯汀·威尔逊的痛苦得到缓解，相反，在产后抑郁症的作用下，她的情绪越发不稳定了。

到 2007 年春天，他们的婚姻开始出现裂痕，夫妻之间的关系也变得岌岌可危。从贾斯汀·威尔逊的博客中，也可以看出这一点。在这一时期，贾斯汀·威尔逊笔下的埃隆·马斯克不再是过去那个浪漫迷人的丈夫了，取而代之的是强势、不近人情的形象。

更令贾斯汀·威尔逊难以接受的是，她发现自己已经逐渐成为丈夫的附庸。虽然她已经成为一个小有名气的科幻作家，即使结婚以后，她也不甘心放弃自己的创作，还曾经第一个尝试用 Pinterest 发表小说，但没有人把她当成是与埃隆·马斯克平等的人，在大家眼中，她只是一只毫无内涵的花瓶。

有一次，贾斯汀·威尔逊和埃隆·马斯克到圣巴茨旅行。途中，他们与很多上流社会的夫妇们一起吃饭，在餐桌上，人们热火朝天地谈论起了一个政治话题。贾斯汀·威尔逊兴致勃勃地发表了自己的观点，但在场的一位男士却不留情面地嘲讽了她，因为他认为贾斯汀·威尔逊是妇人之见，而且过于固执、偏激。对这位男士的偏见，贾斯汀·威尔逊有些不满，但更令她不满的，是丈夫接下来的举动：他笑了笑，然后就像在抚慰孩子一般拍了拍她的手，仿佛她在无理取闹一般。

那一刻，贾斯汀·威尔逊感到仿佛有人往自己的头上泼了一盆冷水一般。从那以后，她就要求埃隆·马斯克向大家介绍自己是一位出版过小说的科幻作家，而不只是他的妻子或是他孩子们的母亲。埃隆·马斯克接受了她的意见，这之后，每次与别人聊天或共进晚餐，他就会不停地对别人说：“贾斯汀想让我告诉你，她写过几本小说。”这仿佛是在完成妻子布置的任务一般。坐在一旁的贾斯汀·威尔逊失望至极，她丝毫感受不到丈夫的尊重。

因为 SpaceX 和特斯拉的项目都处于万分紧急的状态之中，埃隆·马斯克把自己的所有精力都投入到了工作上。他和贾斯汀·威尔逊在生活中的交集越来越少，婚姻问题日益恶化。贾斯汀·威尔逊说：“埃隆的所有精力都放在了工作中，他回到家后，心思却在别处。为了埃隆的事业，我牺牲了正常的家庭生活，他却对我说，‘你书读得太多了’，并且对我的交稿日期持无所谓的态度。这感觉起来像一种蛮横的漠视，与他以前对我的支持态度截然相反。我渴望两人之间深度的、真诚的交流，以此来激发共鸣和亲密感。”

沟通越来越少，导致两个人开始不停地吵架，甚至是为了一些鸡毛蒜皮的小事，比如对于孩子睡觉的时间安排上这些琐碎的事情，两个人都会大吵一架。后来，贾斯汀·威尔逊回忆说：“我的错误总是会被无限地放大，我觉得自己在埃隆眼中是毫无价值的，也开始思考是不是五个年轻的孩子影响了我们两个人的关系。”

她迫切地希望改变现状，因为他们的生活已经向着她越来越不希望的方向驶去。

2008 年春天，一场突如其来的车祸，让贾斯汀·威尔逊看清楚了生活的真相，也使她与埃隆·马斯克的关系彻底破裂。她曾经回忆起当时的情景：“在路上，对方的车撞上了我的车，车都已经变了形，撞车的那个时刻久久地停留在我的脑海里，我清楚地记得对方的面容，那时她正拿着一个手机打电话，惊恐地看着我，一切都是如此地清晰，我们之间的距离好似蓦然间消失了。车因阻力停了下来的那刻，我的第一反应居然不是‘谢天谢地，我们都没受伤’，而是，‘埃隆·马斯克一定会杀了我的’。透过内心，我看到了一个这样的自己：一个瘦削的金发女人，跌跌撞撞地从一辆豪车里走出来，车的前轮已经被撞扁了。

“我简直认不出自己这副模样了。我已变成了一个花瓶妻子——对此我深恶痛绝。我没能细心周到地管好一个家，做一名完美的女主人。当一些男人在高谈阔论，女人们微笑倾听时，我无法抑制住胸中的烦闷。我对 Botox（保妥适，在美容中通常用于除皱及瘦脸）、化妆品以及祛除妊娠疤痕都不感兴趣。不论我身上有多少亮点，埃隆总强迫我维持金发女郎的形象，‘染银灰色吧’，他总这样要求，我则总是拒绝。”

这场车祸让贾斯汀·威尔逊一下子清醒了过来。车祸不久后的一天，她蜷腿坐在床上，胸脯贴着膝盖，两眼泪光闪烁。她对埃隆·马斯克说：“我们的生活必须改变。我不愿只是富有丈夫生活中的旁观者，我要平等。我需要爱，也需要被爱，就像以前他还没有赚到很多钱的时候那样。”她渴望能够重新成为丈夫的同伴，找回他们之间最初的激情。

埃隆·马斯克决定带着妻子一起去做心理咨询。那时的他因为“猎鹰 1 号”的屡次发射失败遭受了沉重的打击，心情也陷入了抑郁之中。他承认自己一直以来因为工作忽视了妻子、忽视了家庭，但却没想到，事情已经严重到了这个地步。

在经过一个月的心理治疗之后，因为事业不顺而焦头烂额的埃隆·马斯克最后一丝耐心也消失殆尽，他对妻子说：“我们要么今天就解决婚姻问题，要么明天离婚。”

贾斯汀·威尔逊愣住了，她回答说："在我看来，我们的现状没有什么问题，所以我认为对你来说应该也是没有什么问题的。"

但事实却并非如此。第二天早晨，埃隆·马斯克提起了离婚诉讼。

贾斯汀·威尔逊的脑中一片麻木，但却感到出奇地释然。

对像埃隆·马斯克这样的亿万富翁来说，离婚时的财产分割往往是最棘手的难题。但在他和贾斯汀·威尔逊之间，财产分割却似乎非常容易，因为婚后不久他们曾经签订了一份"财务协议"，直到离婚时，贾斯汀·威尔逊才意识到这份协定意味着什么："作为一个处在婚姻关系中的人，我居然草率地放弃了自己所有的权利，包括对于夫妻公共财产的要求，当然，除了我们的房子，因为我们有了第一个小孩之后，房子就授予了我。但是，我的律师摆出了一条能证明婚后协议无效的理论。婚后协议不像婚前协定，要求财务完全公开，其依据是'夫妻诚信义务'，即夫妻一方应该在经济事务上对另一方开诚布公。我们签协议的那段时期，埃隆正忙于 X.com 和 Confinity 两家公司合并业务。这两家公司成了后来的 PayPal，这使得 X.com 公司的股值比他在婚后协议中的标注值高出了百万美元。据我的律师透露，如果不是为了维护调解的保密性，他这样做不管是蓄意的还是眼光长远，我都可以声明这个合同具有欺诈性质，因而是无效的。一旦我们签订了协议，这个阶段就结束了，而不是终止于我离开律师办公室或我们结婚的时候。这个决定我们婚姻官司结果的问题，在加利福尼亚的法律体系中游移了两年多，它涉及一个法律难题：调解保密能践踏夫妻诚信义务吗，或者反过来？我们分开两年后，开始对簿公堂。法官做出了有利于埃隆的判决，但强调这个案件的特殊性，马上开具了上诉请求批文，一年多之后，事情才得以解决。”

最终，贾斯汀·威尔逊几乎放弃了自己的所有权益。2008年6月16日，她和埃隆·马斯克办理了离婚手续，结束了长达八年的婚姻关系。

埃隆·马斯克并没有马上将自己离婚的消息公之于众，不过，尽管如此，从贾斯汀·威尔逊的博客中，人们还是能够看出一些端倪。2008年6月底，她曾经非常突兀地在自己的文章中引用了音乐人莫比的一句话：“世界上从来没有完美的、在任何场所都收放自如的公众人物。如果他们是完美的，那么他们就不会想成为公众人物。”接下来的一篇博客她则提到了她当时正在与演员莎朗·斯通一起找房子。

2008年9月，贾斯汀·威尔逊终于正式发表了第一篇关于离婚的博文，她写道：“我们曾有过一段美好时光。我们在年轻的时候就结为伴侣，相依走过了漫漫长路，而现在我们走到了尽头。”

这个消息令世人哗然，媒体蜂拥而至，而一直“关注”埃隆·马斯克的“硅谷八卦”更是一路跟踪着他们的离婚故事，并且还报道说，埃隆·马斯克在与一个二十多岁的女演员约会。

离婚后的贾斯汀·威尔逊活得比与埃隆·马斯克在一起时更加随性了，她也能更加自由地在自己的博客上书写自己的生活感想。她先后发表了很多篇博文，在这些博文里，她非常详细地描述了他们的婚姻是怎样结束的，她对埃隆·马斯克的女友以及未来妻子的看法，以及他们的离婚细节。

比如，贾斯汀·威尔逊曾经写过一篇文章来描述自己的离婚过程："对我来说，离婚这个选项是当你无路可走时才引爆的炸弹。我还没有放弃'交涉'这个选项，所以我并没有签署离婚协议。我们当时才刚刚处在婚姻咨询阶段（总共三个阶段），但是埃隆想按照他的方式解决问题，就像他一贯的作风，于是他给我下了最后通牒：'如果我们今天不能解决婚姻问题，那么我们明天就离婚。'那天晚上以及第二天早上，他又问我到底想做什么。我反复向他强调，我还没有准备好离婚，我希望我们能再试着相处一周。埃隆点头同意，拍了拍我的头，转身离开。结果当天早上，我在购物时发现埃隆停掉了我的信用卡，紧接着我发现他已经先行一步签署了离婚协议——他没有亲自告诉我，而是让别人告诉我这一事实。"

正是通过贾斯汀·威尔逊的描述，人们第一次看到了埃隆·马斯克令人生厌的一面，也了解到了埃隆·马斯克私下里的强硬作风。虽然作为他的前妻，贾斯汀·威尔逊的文字显得有些偏激，但无论如何，她让人们从另一个角度了解了埃隆·马斯克其人其事。

贾斯汀·威尔逊的博客越来越火爆，引发的关注也越来越多，这对埃隆·马斯克来说可不是一件好事。前妻的每一篇博客都是一个定时炸弹，随时有可能引发公关危机，令他原本就焦头烂额的生活更加火烧火燎，也使他濒临绝境的公司雪上加霜。

人们的口诛笔伐铺天盖地地向他扑来，埃隆·马斯克用了几年的时间苦心打造的形象一下子倒塌了。

第四节
分分合合的第二次婚姻

2008 年 6 月中旬，刚刚从婚姻围城中走出的埃隆 · 马斯克心情一直郁结不已。他的朋友、投资人比尔 · 李看到他每天愁眉不展的样子，担心他的精神状况出问题，于是就提议与他一起去旅行，散散心。

于是，2008 年 7 月初，埃隆 · 马斯克在比尔 · 李的陪同下，去伦敦旅行。那时，他没有想到，正是这次伦敦之行，开启了他与另一个女人的缘分。

这次旅行一开始并不顺利，埃隆 · 马斯克和比尔 · 李一起到新港市参观了英国豪华轿车、跑车生产厂商阿斯顿 · 马丁汽车公司。这家公司的首席执行官亲自陪同他们，但令他们尴尬的是，这位首席执行官认为埃隆 · 马斯克只是汽车制造的业余爱好者，与他们说话的时候语气总是高人一等，仿佛他才是世界上最懂电动汽车的人。

遭受冷遇的埃隆 · 马斯克十分不快，当天，他就匆匆回到了伦敦。然而，就在回伦敦的路上，他的胃痛突然发作。比尔·李赶紧给自己的妻子、曾经就读于医学院的莎拉·戈尔打电话，莎拉·戈尔在询问了埃隆·马斯克的症状后，认为他有可能得了阑尾炎，于是比尔·李只好带着埃隆·马斯克到医院检查。结果表明，他的身体一切正常，什么问题也没有。

既然身体无恙，比尔·李提议晚上到酒吧玩玩，但埃隆·马斯克却不想出门。最后，在比尔·李苦口婆心的劝说下，他们来到了位于伦敦上流住宅区梅菲尔的一家名叫“威士忌雾”的酒吧。

埃隆·马斯克并不常去酒吧，酒吧里的喧闹和嘈杂让他只待了不到十分钟就想离开。为了留住他，“神通广大”的比尔·李给自己在伦敦的一个朋友发短信，朋友马上叫来了一些漂亮的女明星来作陪，其中一位年轻的姑娘吸引了埃隆·马斯克的目光。

这位姑娘叫妲露拉·莱莉，当时只有22岁，是一个演员。她曾经在舞台上出演过田纳西·威廉斯创作的《费城故事》《夏日烟云》等剧，还曾亮相过英国侦探电视影集《大侦探波罗之啤酒谋杀案》和《马普尔小姐探案之魔手/平静小镇里的罪恶》等。2005年新版《傲慢与偏见》中她出演了自命不凡的三女儿——书呆子玛丽·班内特，与原著不同的是，她给这个角色带来了更多亲切的特质，在忠实书迷中得到了褒贬不一的评价。此后妲露拉·莱莉又主演了一部名为《夏屋》的短片电影，并带着同鲁伯特·艾弗雷特、科林·费尔斯等人合作的《新乌龙女校》出席了第60届戛纳电影节。她还在《盗梦空间》中“龙套”了一把——饰演了一个金发尤物，只出现了一分钟，却赚足了眼球。毋庸置疑，当时的她正是影视圈一颗冉冉升起的新星。

那天妲露拉·莱莉和她的朋友是从一个慈善晚宴赶过来的，她们身上还穿着优雅、端庄的礼服。与埃隆·马斯克印象中一般的英伦玫瑰不同，妲露拉·莱莉带着一股热情奔放的气质，这种气质令他着迷。一看到她，原本萎靡不振的他精神马上振作了起来。

一开始，埃隆·马斯克和妲露拉·莱莉以及其他朋友们坐在一起聊天，但没过多久，他们的眼里就只有彼此了。妲露拉·莱莉一直喜欢年长而富有魅力的男人，埃隆·马斯克恰好符合她的要求。而在她面前，一向高傲、冷漠的埃隆·马斯克竟然变成了羞涩、腼腆的小伙子。

埃隆·马斯克还兴致勃勃地拿出手机，给妲露拉·莱莉展示了“猎鹰 1 号”和特斯拉 Roadster 的照片，不过，当时的妲露拉·莱莉以为埃隆·马斯克只是参与了这些项目，她怎么也没有想到，埃隆·马斯克竟然是这两家公司的老板。那时，她还想 :“这个家伙一定没怎么见过女演员，更很少和女演员说话，他怎么那么紧张？”于是，她决定对这个看上去有些木讷的男人好一些，让他度过一个难忘的夜晚。

埃隆·马斯克和妲露拉·莱莉聊得越来越开心，几个星期以来，他的脸上第一次露出了笑容。他的胃也不疼了，心情也畅快了很多。

那天晚上他们离开酒吧之前，埃隆·马斯克邀请妲露拉·莱莉第二天与自己一起吃晚餐，妲露拉·莱莉欣然应允了。

当时的妲露拉·莱莉和父母住在一起，回到家以后，她告诉父母，自己在酒吧遇到了一个制造火箭和汽车的有趣的家伙。

妲露拉·莱莉的父亲以前曾经在英国国家犯罪小组工作，出于职业的敏感性，他马上到网上查询了埃隆·马斯克的身份，结果发现埃隆·马斯克是一个出了名的花花公子。他劝说女儿不要和埃隆·马斯克继续交往："那人是个玩咖，他只是想搭讪你，短信告诉他，你绝不会再和他吃饭，他是个杂种。"但妲露拉·莱莉却认为这里面一定有什么误会，她相信埃隆·马斯克会向她解释这一切，于是，第二天，她还是如约与埃隆·马斯克共进晚餐。

为了这次约会，埃隆·马斯克包下了整间餐厅。那天晚上的气氛有些压抑，妲露拉·莱莉一直期待着埃隆·马斯克能够解释一下他的婚姻问题，埃隆·马斯克没有让她失望。很快，他就主动提起了自己的婚姻状况以及五个儿子。埃隆·马斯克的坦白对妲露拉·莱莉来说已经足够了。

第二天，埃隆·马斯克和妲露拉·莱莉又相约着一起共进午餐，饭后，他们还一同参观了现代艺术馆白立方画廊，之后，他们回到了埃隆·马斯克的酒店。埃隆·马斯克告诉妲露拉·莱莉，他想给她看看自己的火箭。妲露拉·莱莉心存疑虑，但埃隆·马斯克真的拿出手机，给她看了几段 SpaceX 研发的火箭的视频。

埃隆·马斯克回到美国之后，一直与妲露拉·莱莉保持着联系，他们互发邮件，打得火热。几周后，妲露拉·莱莉买了前往美国的机票，与埃隆·马斯克相聚。

妲露拉·莱莉当时没有想过要成为埃隆·马斯克的女朋友，只是享受和他相处的乐趣。但埃隆·马斯克却不是这样想的。当他和妲露拉·莱莉一起躺在贝弗利山庄半岛酒店的床上聊天的时候，他突然下定决心要让他们的关系更进一步。

他看着妲露拉·莱莉的眼睛，对她说："我不希望你离开。我希望你嫁给我。"

妲露拉·莱莉有些不可思议地看了他一眼，以为他只是在开玩笑，然后笑了起来。

埃隆·马斯克却非常认真地说道："我不是在开玩笑，我是真诚的，但我很抱歉，我现在没有戒指。"

这时，妲露拉·莱莉才意识到，面前的这个男人是在向她求婚，她收起了笑容，也认真地说道："如果你愿意，我们可以用口头约定代替。"

就这样，他们许下了对彼此的承诺。

妲露拉·莱莉从来都不是一个叛逆的女孩，在父母的眼里，她一直是乖女儿，懂事乖巧，所以，当她站在酒店的阳台上，打电话给父母，告诉他们她刚答应了一个比她大十多岁、刚刚离婚、有五个孩子和两家公司的中年男人求婚时，她的父母觉得她已经疯了。但她自己却不觉得有什么奇怪，因为她一直是一个浪漫主义者。

没过多久，埃隆·马斯克用一枚硕大的钻戒正式向妲露拉·莱莉求婚。他单膝跪在妲露拉·莱莉面前，对她说道："和我在一起，意味着你选择了一条最艰难的路。"但妲露拉·莱莉并不在意，她只知道，她爱埃隆·马斯克。

对妲露拉·莱莉来说，要融入埃隆·马斯克的家庭并不是一件容易的事，毕竟，他和贾斯汀·威尔逊有过五个孩子。但对当"后妈"，妲露拉·莱莉看得很开，她说："和全球变暖问题一样，我认为全球人口下降也是一个我们必须面对的问题。

为了平衡男女比例，我们会尝试再生五个女孩子。”

因为贾斯汀·威尔逊与埃隆·马斯克常因为孩子的事联系，所以在埃隆·马斯克与妲露拉·莱莉于 2010 年结婚之后，她们也难免会打照面。不过，令人惊讶的是，这两个女人在见面之后，却互相觉得非常投缘，甚至成为关系不错的朋友。

两人第一次见面的对话贾斯汀·威尔逊还记忆犹新，她说："'《傲慢与偏见》是部不错的电影。'这是我的开场白。我们俩聊得很融洽。最后，我对她说：'旁人也许会感到疑惑，为什么我没有愤怒到直接拿筷子戳你的眼睛。'莱莉说：'这就好似一部法国电影。'"

后来，贾斯汀·威尔逊还给妲露拉·莱莉发了一封邮件，说："我倒宁愿是一部法国电影，两个女人成了很好的朋友，还经常一起聊各种哲学问题。不像美国电影那样，总有一个正面角色和一个反面角色，双方斗得不可开交，而且一个还被另一个扔出了阳台。"

不过，埃隆·马斯克与妲露拉·莱莉的婚姻生活也并非一帆风顺，2012 年他们甚至还闹到了离婚的地步。那年 1 月，埃隆·马斯克在 Twitter 向全世界宣布了两人离婚的消息："妲露拉·莱莉，和你在一起的四年真是无限美好。我将永远爱你。总有一天，你将成为某个人的唯一。"

但十八个月之后，也就是 2013 年 7 月，他却成为"某个人"，与妲露拉·莱莉再次结为夫妻。

然而，尽管破镜重圆，重燃的爱火却没有持续多长时间。2015 年的元旦——每个人都希望在新的一年立下宏伟目标的时候——这对夫妻的婚姻第二次面临破产。埃隆·马斯克再次向洛杉矶法院申请离婚。根据两人的联合声明，这是一场和平分手，埃隆·马斯克同意给予妻子1600万美元现金和其他一些财产，作为婚后财产结算的一部分。按照离婚文件，他们将按婚前协议分配财产。

这一次，人们都以为这段婚姻已经彻底走向了末路，但令人大跌眼镜的是，就在七个月之后，埃隆·马斯克竟然撤回了自己的离婚申请，与妲露拉·莱莉重归于好。

分分合合，似乎是这对夫妻的家常便饭。2016年3月21日，埃隆·马斯克与妲露拉·莱莉再次面临解体，不过，这一次，是妲露拉·莱莉向洛杉矶高等法院提交了离婚申请，想要结束她和马斯克之间的婚姻关系。

对于埃隆·马斯克这样一个充满野心与激情的男人来说，或许婚姻在他的生活中并不那么重要。他喜欢独立而又气质脱俗的女人，但同时却又有极强的控制欲和占有欲，这种矛盾的状态，注定了他婚姻的坎坷和颠簸。

第八章

走出绝境，把世界甩在身后

第一节
Model S，重新定义传奇

到 2008 年秋天，特斯拉距离破产几乎只有一步之遥。埃隆·马斯克不但投入了自己的全部身家，还四处借债维系特斯拉的资金链。在当时，他每天要面对的问题是明天向谁借钱花。

但尽管到了如此窘迫的地步，他也没想过要把特斯拉出售。PayPal 联合创始人马克斯·拉夫琴在埃隆·马斯克在特斯拉面临破产时把自己身家全部押上这一事件上，曾经这样评价道："他对未来有疯狂的展望，他认定的就一定会做到底。再花 2000 万美元制造一个可能会爆掉的火箭？他不在乎。"

穷途末路之时，一个关键性的转折出现了。

为了使特斯拉走出困境，埃隆·马斯克团队开始联系其他汽车厂商，寻找合作机会，当时，他们唯一能够依赖的，就是出色的电池动力组技术。2008 年 11 月，正因为资金没有着落而焦头烂额的埃隆·马斯克突然收到了一封邮件，邮件是老牌汽车厂商戴姆勒公司工程主管发来的，他说自己将会在六周后访问特斯拉位于硅谷的总部。在此之前，埃隆·马斯克曾经特地飞到德国斯图加特，向戴姆勒公司的高层管理者们推销特斯拉的电池动力组技术，不过，那次短暂的交流无果而终。

这封突如其来的邮件让埃隆·马斯克的心中重新燃起了希望，他马上打电话给J·B·斯特劳贝尔，向他抛出了一个棘手的问题："如果我们要在六个星期里把戴姆勒的 Smart 车改装成电动车，你觉得可行吗？"

J·B·斯特劳贝尔大吃一惊，他知道这是一个非常艰难的任务，但他更知道这件事对公司是多么重要，于是，他毫不迟疑地接受了这个任务。他放下了手头的所有工作，把工程师们全都召集了起来，带领他们对这个难题进行攻关。

特斯拉的技术团队一向齐心协力，他们首先对要解决这个难题将会面临的困难进行排查，他们发现的第一个问题是：戴姆勒公司生产的 Smart 车根本没在美国发售。于是，为了买到一辆 Smart 车，特斯拉的一名工程师不得不坐着飞机远赴墨西哥。三天后，一辆崭新的 Smart 车停在了特斯拉总部门口。

一周就这样过去了，时间越来越紧张了。在接下来的五周里，J·B·斯特劳贝尔和他的技术团队马不停蹄地把车上的汽油发动机拆卸下来，安装上了特斯拉的电池动力组。在这个过程中，他们遇到了很多技术难点，但都被一一解决。当改装完成的 Smart 车终于停在他们面前时，所有人的脸上都写满了疲惫。

几天后，戴姆勒汽车公司的工程主管如约来到了特斯拉总部。任凭埃隆·马斯克费尽口舌，对方仍然像以前一样丝毫未被打动。于是，埃隆·马斯克停了下来，对他说："我应该给你看一样新东西，你或许会感兴趣。”

埃隆·马斯克带着他来到了特斯拉的车库，看着面前的Smart车，那位主管一头雾水：“这是一辆Smart车，可是这又有什么稀奇的？”

埃隆·马斯克笑了笑，轻描淡写地说道：“可它是电动的。”

“电动的？你是指……”主管仍然没有反应过来。

“是的，我们对这辆车进行了改装，用特斯拉的电池动力组替换了Smart车上原来的发动机，把它变成了一辆电动汽车。”

“天哪！”那位主管惊呼了一声。他丝毫看不出这辆Smart车上有任何改装的痕迹，然而，在试驾之后，他却完全被特斯拉电池动力组的出色性能征服了。

那时的戴姆勒公司正在为加快电动车的研发进程而四处物色合作伙伴，还有谁比特斯拉更加合适呢？于是，毫无疑问地，特斯拉成了戴姆勒公司的最终选择。2009年5月，戴姆勒公司以5000万美元购入特斯拉约10%的股份，这笔钱很快就打到了特斯拉的账户上，这对特斯拉来说无异于雪中送炭。

好消息接踵而至，在戴姆勒公司的投资使特斯拉赢得了喘息之机后，埃隆·马斯克的资产也再度增加——戴尔公司决定出资1.2亿美元收购了Everdream，而埃隆·马斯克正是Everdream的大股东。2009年初，这笔资金到位，特斯拉的资金亏空终于被补足，埃隆·马斯克彻底摆脱了资金危机。

接二连三的投资，终于将濒临破产的特斯拉从悬崖边上拉了回来。

2011年年底，埃隆·马斯克在接受采访时，坦陈当时将所有的未来都赌在火箭和电动车上是一件极其冒险的事。不过，他马上话锋一转："但是如果我不这么投入，才是最大的冒险，因为成功的希望为零。""做企业就像吃玻璃，以及凝视着死亡的深渊……如果这看起来很吸引人的话……""我不想让公司死，因为这个赌注实在是太高了，这不只是因为特斯拉，更是因为它会导致电动车产业的巨大倒退。"回想2008年的情景，马斯克庆幸自己只是在"吃玻璃"，距离死亡还有点距离。

放手一搏、破釜沉舟，几乎是每一个企业家的必经之路。有大赌，才有大赢。所幸的是，埃隆·马斯克赢了。

资金危机解决后，特斯拉Roadster终于开始交付。到2012年9月，售价高达11万美元的Roadster总计售出了2418辆。Roadster的问世，证明了电动汽车在性能上是完全可以超越汽油车的。完成了这个使命之后，2012年1月，Roadster正式停产。它为特斯拉带来的丰厚利润，将会被用来生产大众型轿车Model S。

Model S，是特斯拉继Roadster之后推出的一款惊世骇俗的新产品。孕育Model S，是一个艰难的过程，有一个人居功至伟，他就是特斯拉首席设计师弗朗兹·冯·霍尔兹豪森。正是他，把Model S打造成了一个具有划时代意义的标志性产品。

弗朗兹·冯·霍尔兹豪森出生于美国康涅狄格州的一个小镇，从小，他就喜欢设计、喜欢创新，家里的地下室是他的乐园，里面装满了各种各样的材料，他可以在里面自由自在地创作。随着年龄渐长，弗朗兹·冯·霍尔兹豪森又迷上了汽车，他的笔记本里，到处都是随手写写画画的汽车草图。卧室墙上挂着的，也都是各式各样的汽车海报。

高中毕业后，弗朗兹·冯·霍尔兹豪森进入了美国雪城大学工业设计系。在学习之余，他还到一家设计公司实习。一个偶然的机会，他从一位热爱汽车设计的同事那里得知，洛杉矶艺术中心设计学院有个不错的汽车项目。他的兴趣马上就被激发了出来，于是，大三时，他决定转学到洛杉矶艺术中心设计学院，追寻自己的汽车设计之梦。

告别雪城，来到洛杉矶，意味着弗朗兹·冯·霍尔兹豪森漫长曲折的设计师生涯的开端。他先是在密歇根州的福特汽车集团实习，然后又到欧洲的大众汽车公司工作，在这些老牌汽车公司里，他学会了怎样把各种各样的设计理念融会贯通。1992 年，刚刚毕业的他幸运地得到了参与大众汽车最激动人心的顶级机密项目——设计最新款的甲壳虫轿车的机会。当时他负责的是汽车的外观和内部设计，包括那个标志性的仪表盘外嵌花瓶装置。甲壳虫系列上市之后，凭借着时尚前卫、令人惊艳的外观，牢牢抓住了人们的目光，并且一举帮助大众汽车扭转了品牌形象。

在大众汽车工作了八年之后，弗朗兹·冯·霍尔兹豪森的设计理念越发炉火纯青。这之后，他又先后到了通用汽车公司和马自达汽车公司担任设计总监。

在这些老牌汽车公司的工作经历，虽然使他积累了丰富的工作经验，却也让他亲身体会到了传统汽车企业的僵化和故步自封。在当时，几乎没有任何一款马上将要推出的产品能引起他的关注，他迫切地希望改变这种根深蒂固的企业文化，然而，凭借一己之力又怎能做到？

他感觉自己的灵感正在消失，他知道自己不能再继续浪费生命了，当他听说特斯拉公司正在招募人才时，他便毫不犹豫地打电话到埃隆·马斯克办公室应征，与埃隆·马斯克的私人助理玛丽·贝思·布朗通过电话来回过招儿了一个月后，他终于接到了到 SpaceX 总部去接受埃隆·马斯克亲自面试的邀请函。

面试时，只说了几句话，埃隆·马斯克就敏锐地意识到，面前的这个应聘者不但思想活跃、头脑清晰，而且拥有超乎寻常的创新思维。他断定，弗朗兹·冯·霍尔兹豪森就是自己正在寻找的互补性人才。

求贤若渴的埃隆·马斯克竭尽所能地劝说弗朗兹·冯·霍尔兹豪森，希望他能加入特斯拉。为了表示自己的诚意，他还亲自带着弗朗兹·冯·霍尔兹豪森参观了 SpaceX 的霍桑工厂和特斯拉的硅谷总部，虽然这两个地方当时还比较简陋，并不足以吸引弗朗兹·冯·霍尔兹豪森，但埃隆·马斯克所描绘的光明前景却令他心动："在特斯拉，你有机会一手开创汽车行业的未来。与其待在舒适安逸的大汽车公司里平庸度日，不如抓住这个一生难得的机会，成就一番事业。"

"制造一款改变世界的产品"，这是埃隆·马斯克的野心，也是弗朗兹·冯·霍尔兹豪森的期待。于是，2008 年 8 月，他加入了特斯拉，成为这个创业公司的一员。

2008 年年底，在金融海啸令整个世界处于动荡之中时，弗朗兹·冯·霍尔兹豪森却一直专注于新产品设计。到 2009 年春天，他已经完成了 Model S 样机设计。这是一款令人咋舌的新产品，它既有保时捷的性感斜线条，也有宝马的强健骨架。当 Model S 第一次出现在人们面前时，几乎所有人都投来了惊讶的目光。埃隆·马斯克则非常自豪地宣称，人们看到的不是一辆像以往那样的名不副实的概念车，而是一辆能有更大装载空间，并能快速行驶的新型车。

创新在埃隆·马斯克的创业过程中一直处于首要位置，几乎每一次，他都是在做颠覆传统观念的事情。特斯拉的工程师们经常会收到埃隆·马斯克汹涌而至的新点子，他曾经在周末把 Model S 原型车开回家，周一就提出了八十个改动之处。

特斯拉 Roadster 最初使用的底盘是来自英国的为莲花轿车制造的底盘。以此为基础开发出的 Model S 的底盘，由于使用了电力驱动而节省了原来安置汽油发动机舱内的大量空间，所以，可以让正常尺寸的轿车安排下三排座位。为此，埃隆·马斯克要求弗朗兹·冯·霍尔兹豪森考虑把 Model S 设计成可乘坐 7 人的 4 门轿车。这一改变不但有利于推行电动汽车，而且是对汽车概念的重新定义。

埃隆·马斯克的另一个创想，是在车里嵌入一个宽大的触摸屏，那时大型触屏技术还没有兴起，iPad 也是几年以后才面市的，而当时人们在机场和商店常见的触摸屏大多都粗制滥造。不过，埃隆·马斯克通过 iPhone 却看到了这类触屏操作系统的大好前景。

他要用一个巨型 iPhone 来控制汽车的绝大多数功能。为了找到合适大小的屏幕，埃隆·马斯克和弗朗兹·冯·霍尔兹豪森坐在只有外壳的样板车里，拿着不同型号的电脑屏幕横竖比对，最终选择了 17 英寸的竖式屏幕。它抛弃了传统汽车中控台上的一切旋钮、转轮之类的东西，车况信息、模式选择、悬挂调整、导航、娱乐等所有事项都可以通过控制触摸屏来进行。只有个别功能，比如储物箱和应急灯的开关装置，因为法律规定而保留了实体开关。

在埃隆·马斯克的主导下，特斯拉 Model S 还在续航能力上有了革命性突破——Model S 充满一次电后的平均实际续航能力是 320 公里，它把电动汽车的续航能力整整提高了两个阶梯。在特斯拉 Model S 出现前，电动汽车的平均续航公里数是 150 公里。这要归功于其车辆底部的电池组，电池组采用松下提供的 18650 钴酸锂电池，整个电池组包含约 8000 块电池单元；钴酸锂电池能量密度大，但稳定性较差，特斯拉为此研发了 3 级电源管理体系来确保电池组正常运作。Model S 按电池组可提供的电量有 60 千瓦时和 85 千瓦时两个版本。经美国环保署 EPA 认证，60 千瓦时满电后的续航能力是 208 英里，约 333 公里；85 千瓦时的续航能力为 265 英里，约 424 公里。

特斯拉 Model S 从静止到破百（公里）的时间只要 5.6 秒。而且这还只是 362 匹马力电动机版本 Model S 的成绩，拥有 416 匹马力的 Model S Performance，其百公里时速加速更是能达到惊人的 4.2 秒！ Model S 的加速能力堪比 V8 引擎的保时捷 Panamera S、捷豹 XJ 和宝马 7 系等。作为一款零排放的电动汽车，这种加速度让油老虎般的豪车都黯然失色。

Model S 的驾乘体验几乎无可挑剔。除了超跑般的加速度，Model S 的刹车性能也非常优秀。Model S 给驾驶者两种刹车表现可供选择，一种是“标准”（Standard）模式，一种是“传统”（Low）模式。Standard 模式下，当你松开油门，Model S 车载控制系统会立即自动帮你踩刹车，车会立即减速，而制动产生的能量则用来给电池组充电；Low 模式则类似于普通汽车的驾乘体验，你松开油门，汽车仍会保持现有速度滑行，直到你踩刹车时才会明显减速。Low 模式下电池组获取的电能要少于 Standard 模式。

Model S 有三种驾驶模式可供选择，分别是“运动”(Sport)、“舒适”(Comfort) 和 “标准” (Standard)。运动模式下，你会明显感觉到汽车的悬挂更硬而方向盘也更加灵活。因为动力系统完全不同于传统汽车，Model S 在方向盘下的排挡杆比普通自动挡汽车还要“傻瓜”，只有一个行驶挡和一个倒挡，驾驶过程中，除了倒车你完全不用去考虑换挡的事情，只需挂入“行驶挡”(Drive)，走！

对于搞过火箭的埃隆·马斯克来说，把汽车弄成航空飞船的驾乘体验应该也是顺手拈来的事情。对所有驾驶过 Model S 的人来说，其给人留下的最深刻的印象就是这车太安静了，安静和顺畅得让人以为自己在开太空飞船。从一脚油门下去，巨大的推背感产生，到时速达到 200 公里 / 时，Model S 的驾驶室里除了风噪和胎噪外，几乎听不到引擎的声音。

权威汽车杂志《消费者报告》在对特斯拉 S 型电动轿车进行了长期的道路测试后，给它打出了 99 分的高分，满分是 100 分。Model S 还拿下美国《MotorTrend》杂志 2013 年度最佳车型，这是这家杂志 64 年来首次将这一奖项颁给电动汽车。当记者问埃隆·马斯克的获奖感受的时候，他说：“相信多年后回顾这段历史，Model S 将会是从传统燃油时代向电动车时代发展的里程碑。”

Model S 不但叫好，也非常叫座。2013 年一季度，Model S 在美国的销量达 4750 辆，比 2012 年美国电动汽车销量冠军雪佛兰沃兰达多出 406 辆。要知道，沃兰达的价格尚不及 Model S 顶级版一半。特斯拉公司的崛起迫使涉足电动汽车的其他汽车制造商，包括宝马、雪佛兰、本田和日产提高电池性能，并继续降低价格。而对于引领者特斯拉来说，更多竞争也会促使自己继续成长。

Model S，重新定义了传奇。然而，要想成为一家伟大的公司，只是生产出伟大的产品还远远不够。埃隆·马斯克深知这一点，他曾经表示，特斯拉的主要目标是让“更多的电动汽车上路”，使它们看起来像是交通工具而非一种新奇事物，甚至有朝一日能像当初福特的 T 型车一样以亲民的价格走进千家万户。如今，他离这个目标已经越来越近了。

失败之后爬起来迎接成功，对埃隆·马斯克来说，就是一种生活状态，他享受着其中的痛苦和快乐。他用独特的硅谷创业模式：快速的研发、高效的运营、迅速市场化等，脚踏实地地实现着在别人看来无法企及的梦想。

第二节
腾飞！成功就在下一次

"猎鹰 1 号"的接连失败，给埃隆·马斯克和 SpaceX 的工程师们带来了沉重的打击。再次发射是否还会面对同样的结局？这成了埃隆·马斯克最担忧的问题。为了"猎鹰 1 号"的再次发射，他的工程师们已经在岛上滞留了许久。现在，他们仍然在锲而不舍地进行着攻坚战，希望将火箭发射的难题一一化解。

在逆境面前，埃隆·马斯克表现出了异乎寻常的乐观与执着，甚至做出了令人惊讶的举动——虽然"猎鹰 1 号"尚未发射成功，他已经着手启动新的计划——设计开发"猎鹰 9 号"。"猎鹰 9 号"是一艘有 9 台发动机的火箭，拥有比"猎鹰 1 号"高出 10 倍的入轨能力和高过 15 倍的升空推力，能够取代"猎鹰 5 号"以及即将退休的航天飞机。

虽然历尽千辛万苦，SpaceX 的工程师们还是投入到了"猎鹰 9 号"的研发中，并很快完成了详细设计讨论书，向美国宇航局提出申请，耐心等待美国宇航局的批准。2008年7月30日，“猎鹰9号”在得克萨斯进行了一次成功的启动测试，9个引擎全部点燃并且产生了85万磅的推力。

三天后，在夸贾林岛，SpaceX的工程师们又点燃了“猎鹰1号”，这一次，“猎鹰1号”火箭负载了美国空军的卫星以及美国宇航局的几台实验设备。SpaceX计划将这批货物送入轨道。自从上一次发射遭遇失败后，SpaceX对火箭又进行了一些改进，比如更换了新版的、调整过冷却系统的“默林一号”引擎。通常来说，传统的航天航空公司为了避免风险，是不会轻易改变设计的，但埃隆·马斯克却反其道而行之，在他看来，虽然应该竭尽所能地保证火箭成功发射，但是SpaceX的创新也同样重要。

2008年8月2日，发射实验如期进行，不过，在倒计时的最后一秒，实验却被临时终止了。埃隆·马斯克得知此事后，立刻要求技术团队重新进行部署，在同一天进行第二次发射实验。

这次，“猎鹰1号”顺利升空了。

除了在夸贾林岛上亲身参与火箭发射过程的工程师们，其他员工们也在SpaceX的加州总部通过网络直播观看了发射全程，看到火箭升空，所有人都激动地跳了起来，互相击掌庆贺。但悲剧在这时再次上演了——当一级箭体和二级箭体要进行分离的时候，火箭突然发生了故障。事后人们分析发现，在分离的过程中，新的引擎突然产生没有预料到的巨大推力，导致一级箭体和二级箭体相撞，从而造成火箭的顶端和引擎损坏。

眼看着发射再次失败，SpaceX的员工们再也无法抑制心中的郁闷，原本欢呼雀跃的人们，全都沮丧地站在了原地，有人甚至开始轻声哭泣。

埃隆·马斯克也悲痛不已，不过，身为团队领导，他还是强打精神振作起来，赶来安慰大家："看，我们必须得完成它。不要害怕，一切都会好起来的。"并鼓励他们回到自己的岗位上继续工作。

埃隆·马斯克的安慰仿佛有一种神奇的魔力，人们的情绪纷纷平复了下来，开始分析发射失败的原因，并尝试着解决问题。

埃隆·马斯克在媒体上的回应也充满希望，没有表现出丝毫沮丧和灰心，他说 SpaceX 正计划用另一艘火箭尝试第四次发射，第五次发射也在紧锣密鼓地计划中。"我计划开始建造第六艘火箭，"他说，"'猎鹰 9 号'计划毫无疑问也会继续下去。"

当然，现实总是残酷的。事实上，这次发射带来了一系列的问题。由于第二级火箭未能正常启动，因此工程师们无法确认他们是否真正解决了导致第二次发射失败的燃料晃动问题。尽管 SpaceX 的工程师们认为这个问题已经得到了解决，对第四次发射满怀信心，但埃隆·马斯克却始终担心不已，毕竟，当时的 SpaceX 已经是背水一战了，如果第四次发射依然失败，一切就全完了。

他们已经再也无法承受失败了。只有第四次发射成功，SpaceX 才能获得美国政府和客户的信任，"猎鹰 9 号"以及埃隆·马斯克的其他宏伟目标才有机会被提上台面。

为了确保第四次发射的顺利，埃隆·马斯克对工程师们的要求比以往任何时候都要严苛。所有耽误发射的人员，轻则会遭到埃隆·马斯克的训斥，重则会被他列入黑名单。埃隆·马斯克几乎把自己的全部时间都用在监督第四次发射的准备工作，有一次他甚至在浴室里给一位员工打电话，询问项目的具体进度。

过于严苛的要求让员工们不得不提高标准，但长期处于紧张的状态下，也导致他们开始犯一些低级错误。通常，“猎鹰1号”的箭体会用驳船运输到夸贾林岛上，然而，这一次由于埃隆·马斯克心情太过急切，不愿意把大把的时间浪费在漫长的等待中，因此，他干脆花大价钱租用了一架军用货机，想用飞机把火箭先从洛杉矶运送到夏威夷，再送达夸贾林岛。

这原本是一个不错的计划，不过，SpaceX 的工程师们却忽视了舱压会对不足 1/8 英尺厚的箭体造成的影响。当这架军用货机在夏威夷准备降落的时候，坐在机舱里的工程师们忽然听到一阵窸窸窣窣的声音，他们赶紧到货舱进行查看，发现火箭的表面都变皱了。

他们赶紧让飞行员把飞机升高，在飞机被迫降落之前，他们有半个小时左右的时间来解决这个问题。一开始，他们急得像热锅上的蚂蚁，不知道如何是好。冷静下来之后，他们终于灵机一动，想到了解决方法——拿出口袋里的小折刀，把箭体外侧的热缩包装割开。然后用飞机上的维修工具，把火箭上的一些螺丝拧开，这样火箭的内部气压才能与飞机保持一致。

半个小时后，飞机缓缓降落到了地面上。那时已经是凌晨三点了，SpaceX 的工程师们第一时间打电话给公司高层，向他们通报了这个情况。一位高管立刻把这个糟糕的消息告诉了埃隆·马斯克。埃隆·马斯克马上做出决定，要求队伍继续前往夸贾林岛，同时派出一支携带修理配件的团队对他们进行支援。用了两个星期的时间，工程师们终于在临时搭建的飞机棚里将火箭修好了。

2008 年 9 月 28 日，装满燃料的“猎鹰 1 号”被再次运到了里根弹道导弹防御测试站的发射台上。对埃隆 · 马斯克和 SpaceX 的员工们来说，这是一个异常紧张的时刻。在过去的六周里，他们像上了发条一样废寝忘食地工作，终于将涉及多方面的高难度、极复杂的问题一一解决。现在，检验的时刻终于到来了。如果这次发射成功，他们所经受的煎熬与汗水才没有白费。

这一次，“猎鹰 1 号”没有搭载任何货物，因为无论是埃隆 · 马斯克还是美国军方，都不希望再有东西爆炸或掉入海中，因此火箭只搭载了 360 磅的虚设货物。同时，SpaceX 还对这次发射过程进行了网络直播，人们将在网络上看到发射的整个过程。

上午 11 点 15 分，发射的时刻终于到来了。在剧烈的轰鸣声中，“猎鹰 1 号”发射升空，在蔚蓝的天空中持续上升：发射约 2 分 40 秒之后，第一节火箭安全分离；约 3 分 12 秒之后，整流罩分离；约 10 分钟后，火箭终于进入预定轨道。

世界上第一枚私人建造的火箭终于成功发射，进入了轨道。发射指挥部和远在千里之外的 SpaceX 总部同时爆发出了热烈的欢呼声。

“这是我人生中最美好的一天。”坐在 SpaceX 的控制室里的埃隆 · 马斯克喃喃地重复着这句话。

走出控制室，埃隆 · 马斯克受到了员工们的热烈欢迎，他即兴发表了演讲："恭喜大家！我们取得的巨大成功都是大家努力的结果……有许多人说我们不可能成功，事实上是很多很多人，但就算他们这样说，'命运不会总和我们作对，第四次总该成功'，不是吗？世界上完成这种壮举的国家屈指可数，这种项目一般是由国家来完成的，而不是某家公司……我的脑子有点混乱，我什么都说不出来，但是，天啊！这绝对是我人生中最棒的一天！我想这里大部分人都这样想。我们告诉所有人我们做到了！这只是未来许多计划中的第一步……我不知道你们今晚如何庆祝，不过我要举办一场盛大的派对……"

五百多人花费了整整六年的时间——比埃隆·马斯克原来的计划足足多了四年半，终于创造了这个现代科学和商业的奇迹。到这一天为止，花费在火箭开发和实验上的费用，以及三次发射失败的费用，总额已经达到了 1 亿美元。

2009 年，"猎鹰 1 号"顺利将微型遥感人造卫星"拉萨号"送入太空。对于这个消息，SpaceX 的网站当时是这样报道的：

"'猎鹰 1 号'运载火箭由两节组成，以液态氧及火箭级煤油 RP-1 为燃料，完全由太空探索技术公司自主设计并生产。太平洋时间 7 月 13 日（周一）晚间 8 点 35 分，距离夏威夷西南方向约 2500 公里处，在美军管制的太平洋夸贾林环礁奥莫莱克岛上，'猎鹰 1 号'从里根导弹试验基地顺利升空。"

这之后，随着风险投资与政府机构资本的大量注入，"猎鹰 1 号"的设计大为改善，并被机体更长、运载容量更大的"猎鹰 1e 号"首先取代。到目前为止，"猎鹰 1e 号"的运载日程已经被排满，并且一切进展良好。

而埃隆·马斯克寄予厚望的"猎鹰 9 号"，也被美国国家航空航天局选中，用于承担部分国家航天任务。他们得到了一份价值 16 亿美元的合同，其中包括需要“猎鹰 9 号”承担十二次运载任务。

SpaceX 这家专精航天领域的企业曾一度让人觉得只会昙花一现，而埃隆·马斯克却用自己的坚持与执着证明了他们是错的。

第三节
不可思议的“龙飞船”

2010 年 12 月 8 日，在佛罗里达州的卡纳维拉尔角空军基地的太空发射场，“猎鹰 9 号”火箭拔地而起，直上云霄。这枚火箭全长约 54 米，相当于 17 层建筑的高度。“猎鹰 9 号”的发射成功，从某种程度上来说，意味着私人宇航事业已经初现曙光。

对于埃隆·马斯克来说，这次成功意义非凡，因为“猎鹰 9 号”上搭载的是承载着他的野心与梦想的“龙飞船”。

“龙飞船”的名字，取自广为流传的美国民谣歌曲《魔法龙帕夫》，这首歌的歌词是一个关于一只名叫“帕夫”的长生不老的龙与他的玩伴 Jackie Paper 的小故事。故事讲的是 Jackie Paper 小时候整天跟帕夫一起玩耍、一起冒险，但当他长大后，却对虚构的探险不感兴趣了，更不想理会帕夫，这使它生活在孤独和沮丧之中。

从小就对科幻小说《银河帝国》爱不释手的埃隆·马斯克

一直没有忘记小时候的愿望，他热爱宇宙、热爱探索，正是抱着这种初心，他才开启了自己的火箭发射事业。为了表示自己向宇宙挑战的态度，也为了对抗“对冒险失去兴趣的大人们”，他决定用这首歌来命名 SpaceX 研发的第一艘宇宙飞船。“龙飞船”的外形是圆锥形的，直径约 4 米，能以时速 2.7 万公里的速度环绕地球飞行。

不过，虽然民谣中的魔法龙拥有魔法，但现实中的“龙飞船”却依然要接受严峻的考验。虽然“龙飞船”采用了最尖端的技术，会严格按照计划进入地球轨道，但在一切未结束前，埃隆·马斯克悬在嗓子眼里的心还是迟迟不敢放下。

“猎鹰 9 号”将“龙飞船”送进地球轨道之后，“龙飞船”将会绕着地球轨道飞行，然后在轨道上喷射气流，从而产生动力脱离轨道，继而穿过大气层平稳地降落到太平洋上。在这整个过程中，只要有一步出现了什么差错，SpaceX 所有人日日夜夜的努力就全都打了水漂。

关于“龙飞船”，还有一个趣闻：在准备发射“龙飞船”前，SpaceX 表示将会在这艘宇宙飞船中搭载一件特别的物品，然而，在被问到这件物品究竟是什么时，埃隆·马斯克却又表现出一副讳莫如深的样子。因此，人们对这件神奇的物品更加好奇，纷纷猜测那件特别物品是什么。

最终，搭载着不明物品的“龙飞船”绕着直径约 1.27 万公里、自转速度约为 1700 公里 / 时的蓝色地球飞行两圈后，再次穿过大气层，然后经受 1000 度以上的高温，借助降落伞精确落入太平洋上的目标区域。见到最终这一幕景象后，埃隆·马斯克终于放下心来。

从脱离轨道的喷射开始，大概经过一个小时，这条“魔法龙”平安无事地落入太平洋，宣告任务顺利完成。

在“龙飞船”成功返回的记者见面会上，埃隆·马斯克终于揭开了“龙飞船”搭载的神秘物品的真相。原来，那是一盒圆形的奶酪。

奶酪？这个答案令人们大跌眼镜。事实上，埃隆·马斯克之所以选择在“龙飞船”上放奶酪，是为了向经典短剧《奶酪商店》致敬。这部从 1969 年开始播放的系列喜剧，深入探讨了宗教问题、性别差异问题等多个社会问题，讽刺了当时社会上的各种矛盾，而其中的一个短剧就是《奶酪商店》，商店中店主和顾客之间看似毫无意义的对话虽然荒诞，却引人深思。

作为一家民营航天企业，SpaceX 成功实现了“猎鹰 9 号”的发射和“龙飞船”的顺利返回，创造了宇宙开发领域的一大壮举。

2012 年 5 月 22 日，SpaceX 又再次创造了壮举：“猎鹰 9 号”再次升空，将“龙飞船”送上了预定轨道。“龙飞船”按照原计划绕地球飞行，美国东部夏季时间 5 月 25 日 9 时 56 分，它被国际宇宙空间站的机械臂抓住，11 时 2 分成功完成和空间站的完美对接，成为有史以来第一艘造访空间站的商业飞船。

“龙飞船”为空间站送去了补给、设备和工具。它在空间站停留了将近一个星期的时间，返回的时候，又把空间站内不再需要的实验设备运回来。2012 年 5 月 31 日 15 时 44 分，“龙飞船”重返地球大气层，它靠大型降落伞保持稳定并降低速度，落入太平洋。SpaceX 用四艘船迎接它。

成功的声音是什么样的呢？

当 SpaceX 的 1800 名雇员同时叫喊着埃隆·马斯克的名字时，所有人都听到了成功的声音。

“我无法用言语来形容 SpaceX 全体员工对我们取得这项成就的兴奋和喜悦之情，”在庆祝发射成功的记者会上，埃隆·马斯克说，“这真是了不起的一天，结果不能再好了。我实在是太高兴了。我们已经为它奋斗了 10 年，它表现得这么好，非常令人满意。我认为这对美国及世界来说，都是很伟大的一天。我认为，这确实将被视为人类在太空旅行领域迈出的重要一步。”

在现场，有位记者问他 ：“你想对那些曾对你的太空事业横加指责的人说些什么？”

埃隆·马斯克平静地说 ：“我认为，人们有理由怀疑我们是否会成功,因为在我们所从事的事情上没有许多成功的先例。这是首次由一家商业公司来完成太空船与空间站对接运货的任务。因此，对于那些怀疑者来说，他们有理由因这方面缺乏成功先例而持怀疑态度。但我认为，那些理由已不再存在了，因为我们已成功创造了先例。我希望，许多人将不再怀疑，而且我们寄希望于他们在未来对我们给予支持。”

还有一位记者问他 ：“你或许有预见未来的神力，幸运地踏准了每一个节拍。你怎样踩准节拍的？”

他反问记者 ：“你已经站在了罗马帝国之巅。你会采取怎样的行动来避免自己的衰落？……历史经验告诉我们，人类文明总是循环往复——巴比伦、苏美尔、古埃及、古罗马，莫不如此……我们正处于人类文明的上升阶段，我们希望能一直保持这一态势。”

纵观人类历史，私人企业研发的宇宙飞船实现和国际宇宙空间站的对接，并成功返回地球，还是第一次。美国宇航局将此称为“绝对难以想象的壮举”。这不但是 SpaceX 的一个重要时刻，也是航天史上里程碑性的一刻。自从人类开始探索太空以来，几乎所有航天活动都是由政府主导的，直到 2012 年 5 月 22 日 SpaceX 创造了新的历史。到目前为止，历史上能做到飞行器和空间站对接的，只有四个组织，分别是美国、中国、前苏联和 SpaceX。

第四节
“地球不配我死，要死就死在火星上”

2014 年 5 月 29 日，埃隆・马斯克和 SpaceX 团队将他们研发的第一个载人太空飞船——第二代“龙飞船”公之于众。这是世界上第一个由私人企业开发的载人飞船，根据埃隆・马斯克的计划，它将于 2017 年试飞，正式执行运送宇航员往返国际空间站的任务。

这场发布会别开生面：舞台上，中央帷幕缓缓落下，第二代“龙飞船”出现在大家眼前。埃隆・马斯克亲自介绍这艘飞船：“它的侧面安装有推进系统和供宇航员向外观察的大舷窗，底部还有着可以弹出的着陆支架，看起来像一艘外星飞船……它可以搭乘最多七名宇航员飞行数天时间。它的防热盾进行了改良。在技术上讲，这艘飞船是一次大跃进。它将我们带到一个新的层面。”

除此之外，第二代“龙飞船”上还带有八台由 SpaceX 研发的 Super Draco 火箭引擎。这些发动机能够提供 1.6 万磅的推进力，支持飞船缓慢且垂直降落。更为关键的是，飞船不用降落在海上，而是可以在任何正常的轨道上降落。搭载的传感器能够检测引擎是否正常工作，一旦引擎出现故障，飞船上的降落伞就会自动打开。

在埃隆·马斯克的设想里，第二代“龙飞船”——也就是“红龙飞船”将要去往的地方，是火星。

根据美国宇航局艾姆斯研究中心的一份报告，在过去的几年内，十多名专家开始研究火星，2 米深度以上的火星土壤下或适合生命存在：艾姆斯研究中心还对火星的地下环境进行了研究，比如在 2 米深度以上的火星土壤下，可能存在更加惊人的发现，这里的辐射水平和生存环境可能有利于火星生命的存在。因此火星探测器需要具备一定的深度挖掘能力，改进型的“红龙飞船”可以做到这一点。

“红龙飞船”的研发得到了美国宇航局的大力支持，他们计划利用 SpaceX 经过改进的“红龙飞船”和“猎鹰”重型运载火箭，在 2022 年开展火星样品返回任务——改进型“红龙”宇宙飞船具备了降落在火星表面的能力。当它抵达火星表面后，开始收集样本，并将样本通过一个返回装置带回地球。

这项任务的科学目标是寻找生命存在的证据，包括搜索“可以证明生命存在的分子，例如 DNA 和高氯酸盐还原酶……通过生物分子证明生命的存在……‘红龙’将钻探至地下一米左右，以获取已知潜藏于红色土壤之下的水冰储藏的样本”。

火星，一直是埃隆·马斯克的目标，从来没有改变。埃隆·马斯克的日程表是：“2015 年，重型‘猎鹰’第二代将试飞。它是史诗般规模的火箭。两次试射后，它将送人重新回到月球上。

第三代重型‘猎鹰’，我很有信心，不超过 15 年，将送人到火星。”

在他看来，把人类送上火星，并不是幻想："如果速度慢，以最佳的能源消耗，去火星要 6 个月，行星每 18 个月重新排列一次，从火星回来也要 6 个月。我想很快就可以把行程时间缩短到 3 个月，只要美国有这个意志。”

移民火星，还远吗?

年少时，埃隆·马斯克梦想着改变世界，他真的做到了，现在，他依然走在改变世界的路上。

他说："我要在火星退休，那是个适合退休的地方。”

或许有一天，他真的能在火星上看地球。

附录

埃隆·马斯克大事年表

1971 年 6 月 28 日，埃隆·马斯克出生在南非比勒陀利亚的一个富裕的白人家庭。

1981 年，10 岁的埃隆·马斯克就拥有了自己的第一台电脑，并且学会了软件编程。

1983 年，埃隆·马斯克设计出一款叫作“Blastar”的游戏，卖出了 500 美元。

1988 年，埃隆·马斯克离开非洲，前往加拿大的蒙特利尔。

1989 年，埃隆·马斯克进入加拿大女王大学就读。

1992 年，埃隆·马斯克进入宾夕法尼亚大学沃顿商学院，相继取得经济学和物理学学士学位。

1995 年，埃隆·马斯克进入斯坦福大学，开学两天后就退学了，和弟弟金巴尔·马斯克一起创办 Zip2。

1999 年，康柏公司收购了 Zip2，埃隆·马斯克挖到第一桶金。

1999 年，埃隆·马斯克创办 X.com。

2000 年 1 月，埃隆 · 马斯克与贾斯汀 · 威尔逊结婚。

2001 年下半年，埃隆 · 马斯克的 X.com 公司与 Confinity 公司完成合并，成立新公司 “PayPal”。埃隆 · 马斯克是 PayPal 公司的最大股东。

2001 年，埃隆 · 马斯克策划了一个叫 “火星绿洲” 的项目，计划将这个小型实验温室降落在火星上，里面有在火星土壤里生长的农作物。

2002 年 2 月，PayPal 在纳斯达克上市。

2002 年 6 月，埃隆 · 马斯克创立美国太空探索技术公司 SpaceX，并开始研发 “猎鹰” 系列运载火箭。

2002 年 10 月，eBay 完成了对 PayPal 的收购。埃隆 · 马斯克套现 1.7 亿。

2004 年 2 月，埃隆 · 马斯克和马丁 · 艾伯哈德、马克 · 塔彭宁联合创立特斯拉公司。

2005 年，SpaceX “猎鹰 1 号” 运载火箭研发成功。同年，特斯拉的第一辆实验样车出炉。

2006 年 3 月 25 日，“猎鹰 1 号” 发射失败，同时 SpaceX 开始研发 “龙飞船”。2007 年 3 月 20 日，“猎鹰 1 号” 第二次发射失败。

2008 年，特斯拉第一款车型 Roadster 下线，公开对外发售。

2008 年 8 月 2 日，“猎鹰 1 号” 第三次发射失败。

2008 年，埃隆 · 马斯克和贾斯汀 · 威尔逊离婚，结束了长达八年的婚姻。

2008 年 9 月 28 日，“猎鹰 1 号” 发射成功。

2008 年 10 月，埃隆 · 马斯克成立 “太阳城” 清洁能源公司。

2009 年 4 月，特斯拉 Model S 亮相。

2010 年初，美国总统奥巴马和朱棣文参观特斯拉总部，美国能源部给特斯拉批下了 4.65 亿美元低息贷款。

2010 年 6 月 29 日，特斯拉在纳斯达克上市。

2010 年 8 月，SpaceX“龙飞船”研制成功。

2010 年，埃隆 · 马斯克与英国女演员妲露拉 · 莱莉结婚，两人于 2012 年离婚，十八个月后又复婚。

2010 年 12 月 8 日，“龙飞船”搭载“猎鹰 9 号”火箭试飞成功。

2012 年 2 月 9 日，特斯拉发布了全尺寸纯电动 SUV 车型 Model X。

2012 年 5 月 22 日，“猎鹰 9 号”载着“龙飞船”升空。

2012 年 5 月 25 日，“龙飞船”成功和国际空间站对接，SpaceX 成为人类史上唯一一家完成与空间站对接的民营公司。

2012 年 5 月 31 日，“龙飞船”返回地球，开启了太空运载的私人运营时代。

2012 年 8 月，SpaceX 获得美国宇航局 16 亿美元的订单。

2012 年 9 月 21 日，SpaceX 开始“蚱蜢”火箭试验。

2012 年 12 月，“太阳城”在纳斯达克上市。

2013 年 6 月 22 日，SpaceX 宣布，将负责发射土库曼斯坦首颗人造卫星。

2013 年 11 月 21 日，埃隆 · 马斯克荣登美国著名财经杂志《财富》评选的“2013 年度商业人物”榜首。

2013 年，埃隆 · 马斯克宣布要在整个美国设置超级充电站，并公布了设计时速可达1220公里的超级高铁的方案。

2016年4月9日，SpaceX公司成功在大西洋上回收“猎鹰9号”一级火箭，这也是人类历史上首次在海上实现火箭回收。

2016年9月22日，彭博全球50大最具影响力人物排行榜，埃隆·马斯克排第11名。

2016年10月29日，马斯克在美国洛杉矶环球影城召开新品发布会，全面展示了他的可再生能源计划，并且亮出了全新的秘密武器——太阳能瓦片，通过众多太阳能瓦片构成太阳能屋顶（Solar Roof）。

美国东部时间11月17日下午4点（北京时间2016年11月18日凌晨5点）进行的关于特斯拉并购SolarCity的股东投票中，高达85%的股东支持这一并购，特斯拉成功将SolarCity收入囊中。两家公司以全股票形式合并，后者作价21亿美元。

2016年12月14日，埃隆·马斯克荣获“2016年最具影响力CEO”荣誉。

2016年12月15日，特斯拉CEO马斯克参加了美国新当选总统特朗普召开的包括苹果CEO库克、谷歌CEO佩奇、微软CEO纳德拉、IBM CEO罗瑞兰、Intel CEO柯再奇等一众科技大佬在内的“3万亿美元密会”，并且在会后被特朗普单独约见。

2017年1月8日，埃隆·马斯克发推特表示，特斯拉正准备发布下一版本的Autopilot软件。

2017年2月5日，马斯克在推特展示了旗下公司在华盛顿挖的隧道，直径约 8 米，长度约 3.2 千米。外界分析，这可能是超级高铁的隧道部分。

2017 年 2 月 14 日，一批实验用耐甲氧西林金黄色葡萄球菌在情人节这一天搭乘 SpaceX 公司的猎鹰 9 火箭前往国际空间站。

是时候去冒险了

——埃隆·马斯克南加州大学演讲

感谢大家，尽管只有短短的几分钟，但是我会努力利用好这仅有的时间。

我想在这里和各位分享四个重要的事情。虽然其中一些听上去像是一些名言和警句，但是我的经历告诉我，它们确实很管用。

一、如果你很年轻，且在创业，你必须很努力。

努力工作意味着什么？就是加倍地工作。

当我和我的弟弟一起创立 Zip2 时，并没有购置任何房产作为工作的地方，而是在一间小而简陋的办公室里开始新的事业，大部分时间都花费在那个小小的沙发上，互相讨论问题。

当时只有一台电脑，白天运营网页，晚上才能够编码。而我们是每周 7 天 24 小时地工作。

当时我有一个女朋友，她为了跟我在一起，不得不睡在办公室的沙发上。如果你要快速成立自己的公司，努力工作则是必须的。

我们可以做一个很简单的数学计算，别人工作 50 个小时，我可以工作 100 个小时，就会比别人多干掉两倍的工作。

二、吸引优秀的人和你一起工作是最重要的。

创业其实无非两种选择，要么加入一个精英汇聚、尊重人才的公司，要不就是和一群乌合之众工作。

企业的成功大部分情况下,都是一群优秀的人汇聚到一起，做成了一个伟大的产品。

但是不论这群人多么有才，他们必须同心协力专注在一个正确的产品方向上，才能造就巨大的成功。

因此，创业者需要用尽一切手段去吸引优秀的人才。

三、判断企业是否走在正确的道路。

很多企业管理者感到困惑的是，他们花的钱并没有让他们的产品变得更好。

举一个例子，特斯拉从不在广告上花钱，所有的钱都投在研发及改善产品设计上，尽全力把车做得更加好。

这是最好的出路。

所以，创业需要不断思考，这些努力是否使得你们的产品或者服务变得更好。如果没有 ,就停止手里的事情吧。

四、不要简单地跟随大趋势。

从物理学第一原理的角度来讲，并不是通过类比去论证，而是通过所有你认为最本质的元素去推论。

这样一来你可以分辨出哪些是你应该做的，哪些只是你跟随别人的脚步在做的。当然，你不可能面面俱到，你要付出很多努力。

但是，如果你想尝试新的事物，这是最好的办法。就像物理学家研究量子力学那样去思考问题。这是一个很强大的方法。

最后我想说的是，是时候去冒个险了。

如果现在没有孩子，你可以去冒险，但随着你变老，你的职责在增多。

一旦有了家庭，就不只是自己，而是拿家庭去冒险。之后再去尝试那些可能失败的事情，会变得越来越难。

所以，现在就去冒险吧，在你拥有那些义务之前，我非常提倡你们去冒个险。